HAMBURGER
AUTORENVEREINIGUNG

AF146828

Karsten Lieberam-Schmidt

Bei Hempels unterm Sofa

20 humorvoll-skurrile Geschichten

Edition HAV

*Bibliografische Information der Deutschen National-
bibliothek:
Die Deutsche Nationalbibliothek verzeichnet diese
Publikation in der Deutschen Nationalbibliografie;
detaillierte bibliografische Daten sind im Internet
über http://dnb.dnb.de abrufbar.*

Bei Hempels unterm Sofa
© 2015 Karsten Lieberam-Schmidt

Coverfoto: Karsten Lieberam-Schmidt

Herstellung und Verlag: BoD –Books on Demand,
Norderstedt

ISBN: 978-3-738642-13-1

Inhaltsverzeichnis

Bei Hempels unterm Sofa	7
Vermieterbefall	11
Der Wanderzirkus	16
Der Briefträger	21
Die geniale Idee	26
FESUS	29
Codewort Osterinseln	33
Sherlock Schmitt und Rosalie	37
Spurlos im Schnee	42
Camilla Jones	44
Die sechs Gläser	48
Elfis Traum	53
Nach dem Sturm	67
Kein Banküberfall	72
Sanftmut	76
Licht	82
Im Hamsterrad	86
Im Glassarg	91
Die Diagnose	95
Zeit	99

Bei Hempels unterm Sofa

Dieses Mal bin ich ungestört. Die Küche ist schon fertig, ebenso Bad, Flur und Schlafzimmer, jetzt noch die Wohnstube, dann ist es für heute geschafft.

Ich bin die Putzfrau der Hempels, und Hempels machen Urlaub. Schon die letzten Male habe ich vor dem Saubermachen jeweils einen der Räume gründlich aufgeräumt, und heute nehme ich mir das Wohnzimmer vor. Sie glauben ja gar nicht, wie das da aussieht, besonders unter dem Sofa.

Ich lege mich also auf den frisch gesaugten Teppich und ziehe einige Kartons hervor: vergilbte Urlaubsfotos, alte Hüte, stapelweise Briefe. Dann krieche ich ein Stück weit unter das Sofa und entdecke einen grauen Apparat mit Hörer und Wählscheibe. „Das letzte Kabeltelefon" steht auf einem Schild, und in Klammern hat Herr Hempel hinzugefügt: „Kabel damals noch fest in der Wand verankert". Dahinter ein Säckchen mit Schrauben. Bei den Hempels ist offenbar nicht erst jetzt die eine oder andere davon locker. Oh, Mann, ey, was da alles rum liegt, bei denen unter dem Sofa!

Ich finde den Abholschein einer Reinigung von 1953, zehn paar Gummistiefel, einen ausgestopften Quastenflosser, daneben ein Wespennest. Ich pieke vorsichtig hinein, aber nichts passiert, krieche wieder unter dem Sofa hervor, staple all die Dinge vor dem Fernseher und robbe zurück.

Ich finde „100 Gramm Mehl, von Frau Meier geliehen, kurz bevor diese verstarb", die Tagebücher der jungen Angela Merkel, das Ei des Kolumbus und ... das Guidomobil. „Guidomobil", das habe ich doch schon mal irgendwo gehört. Ich öffne dessen Tür und klettere hinein. „Chrrr-sch, chrrr-sch" - Der Busfahrer schläft gerade, darum ziehe ich mich leise wieder zurück.

Hinter dem Gefährt quiekt eine Eier legende Wollmilchsau, ich finde einen Milchzahn von Papst Pius, eine Kiste mit Puzzlesteinen, jeder aus einem anderen Puzzle stammend, so haben es die Hempels darauf vermerkt, den letzten Mohikaner, das Ungeheuer von Loch Ness und die Frauen der Ents. Anschließend entdecke ich ... das Bernsteinzimmer. Ach, hier ist das! Wow, eine Pracht von gelb-orangen, gelb-weißen, gelb-rötlichen Ornamenten und Intarsien. Ich lege mich auf ein kleines Kanapee, schließe die Augen und träume davon, dass das alles mir gehörte, aber ich bin ja bei Hempels unterm Sofa. Darum putze ich jetzt das Bernsteinzimmer aufs Gründlichste durch, das war ja schon lange mal wieder fällig, und räume es beiseite.

Dahinter finde ich den ersten Menschen, ein gefrorenes Mammut und die gesamte Beute aus dem großen Postraub: Bündel, Barren und Rollen - die sind gar nicht in Brasilien! Ich finde Nemo, den Mörder von John F. Kennedy und die Wracks der spanischen Armada, ich finde die D-Mark wieder, einen lebenden Dodo und ein paar fette Spinnenweben, die müssen sofort dran glauben. Anschließend finde ich den Mann fürs Leben. Er sieht gut aus, ist höflich und hat auch ein bisschen was gespart. Wir heiraten und verbringen unsere Flitterwochen im Bernsteinzimmer, dann mache ich weiter.

Ich finde den Zugang zum Wunderland, den Schatz der Azteken und den neusten Jupitermond, alles feinsäuberlich beschriftet. Dahinter finde ich ein Pappschildchen, das offenbar herrenlos ist und nirgendwo dazugehört, ich lese, was Frau Hempel darauf notiert hat: „Die aktuelle Handy-Nummer von Elvis, Doppelpunkt und eine Reihe von Ziffern". Ich rufe kurz an: „It's now or never ..., please leave your message after the beep!" Schade, nicht da. Ich mache eine kurze Pause, dann arbeite ich mich weiter vor: Marilyns Hochzeitskleid, eine Schneekugel mit Gartenzwergen am Strand - wer liegt denn im Winter am Strand? -, ein kleiner Yeti. Ich krieche zurück, hole etwas Obst und füttere ihn mit Bananen. Der Yeti grunzt zufrieden.

Anschließend finde ich die Erleuchtung, meine Kindheit wieder und eine Schachtel mit genau zwei Worten darauf: „Deine Zukunft" - Nein, die öffne ich

lieber nicht. Ich finde ein Bärenfell, auf dem, so sagt es ein graues Pappschild, die Hempels damals vor dem Kamin ihre Kinder gemacht haben, ich finde Trost, ein altes Monokel, einen Wetterfrosch und Eldorado ..., und hinter diesem Hempels alten Reisekoffer mit vielen bunten Aufklebern darauf. In dem Koffer finde ich Kleider und Hosen, Handtücher, Seife und Waschlappen,
Sonnencreme und Badelatschen, Pullover und Jacketts, zwei Zahnbürsten und, und, und. Und als ich den Koffer wieder schließe, finde ich dahinter: Hempels, Hempels unterm Sofa.

Vermieterbefall

Sicher kennt ihr das auch. Ihr bezieht eine neue Wohnung und seid nicht allein. Und damit meine ich nicht etwa freundliche Hausmeister oder neugierige Nachbarn oder so, nein, sondern ständige Mitbewohner.

Ja, jetzt denkt ihr vielleicht an Ameisen oder Silberfischchen, an Kellerasseln, Tausendfüßler oder diese - öäää - diese langbeinigen Zitterspinnen, die immer oben in den Zimmerecken sitzen, aber nein, weit gefehlt. Das, was da bei mir aus den Ritzen kroch, nachdem ich umgezogen war, war etwas ganz, ganz anderes: Vermieter. Ja, ich hatte Vermieterbefall.

Nun, zunächst einmal ist das ja nichts besonderes, schließlich hat so ziemlich jeder einen, zumindest jeder, der eine Wohnung mietet, insofern nahm ich den meinen auch nicht besonders ernst. Außerdem zeigte er sich ja auch nur selten, und wenn ich ihm sein Schälchen mit Miete hinstellte, war er in der Regel zufrieden. O. K., er fraß auch noch die Nebenkosten, aber wegen eines einzigen Vermieters ruft man doch nicht gleich den Kammerjäger. Dachte ich. Doch das war ein großer Fehler.

Als ich nämlich, da hatte ich meinen Vermieter schon fast wieder vergessen, einmal mitten in der Nacht nach Hause kam und das Licht anmachte, sah ich, wie blitzschnell etwas weghuschte, und zwar erstens in eine Ritze, zweitens in ein Loch nahe dem Heizungsrohr und drittens unter die Fußleiste.

Am folgenden Morgen dachte ich, ich hätte komisch geträumt, aber dann beschloss ich, mich doch einmal am nächsten Ersten nachts auf die Lauer zu legen. Und siehe da, aus der Ritze kam ... der Vermieter. Und aus dem Loch nahe dem Heizungsrohr kam ... noch ein Vermieter. Und auch unter der Fußleiste kroch einer hervor. Da wurde mir klar: Hier musste ein Nest sein.

Ich beobachtete, wie die Vermieter sich erst argwöhnisch beäugten, dann um die heiße Miete herumschlichen und dann, ihr glaubt es nicht! Habt Ihr schon mal drei Vermieter sich um eine einzige Miete balgen sehen? Das Spektakel dauerte fast eine halbe Stunde, bis einer von ihnen schließlich zähnefletschend mit dem Großteil der Miete in seinem Versteck verschwand. Die beiden anderen stritten noch eine Weile um die Nebenkosten, dann entdeckten sie mich. Grimmig kamen sie auf mich zu, und darüber hinaus, offenbar durch die Geräusche angelockt, vier weitere Vermieter. Sie bildeten einen Kreis und umzingelten mich, dann forderten sie mehr Miete. Genauer gesagt, eigentlich nicht, sie forderten genau die vereinbarte Miete - plus Nebenkosten und so weiter -, jedoch jeder von ihnen. Anders gesagt: Ich sollte sechsmal Miete zahlen. Ich antwortete, dass ich soviel gar nicht im Haus hätte, und dass ich dafür ja auch einen viel größeren Napf bräuchte, woraufhin sie mir zähneknirschend zwölf Stunden Aufschub gewährten. Ich geriet in Panik: sechsfache Miete. Zwölf Stunden. Jetzt war es drei Uhr nachts.

Im Schlafzimmer verstopfte ich die Ritze unter meiner Tür und fiel in einen unruhigen Schlaf, wachte aber kurz danach schweißgebadet wieder auf, dann kam mir die rettende Idee: der Mieterbund. Gleich am Morgen rief ich an. Eine nette Stimme sagte mir, dass man rein gar nichts für mich tun könne, Vermieter seien ganz normal, jeder habe einen oder mehrere davon, ich solle mir keine Sorgen machen.

Daraufhin kaufte ich mir eine kleine Anwältin. Nicht irgendeine, sondern eine Rasse-Anwältin, genauer gesagt, eine Mietrechtsanwältin. Sie war zuerst noch etwas schüchtern, aber nachdem ich sie mit ein paar Paragraphen angefüttert hatte, kam sie schnurrend auf meinen Schoß. Anschließend zeigte ich ihr den Flur. Ihr glaubt gar nicht, was dann los war: Die Mietrechtsanwältin nahm - *hnf-hnf-hnf* - Witterung auf, schnüffelte an allen Ritzen und Löcher und legte die Ohren an. Ja, sie hatte Vermieter gerochen. Von diesem Moment an lauerte sie Tag und Nacht vor der Fußleiste, und kein einziger Vermieter ließ sich mehr blicken.

Bis eines Nachts ich durch heftiges Fauchen und

Zischen aufgeweckt wurde. Da ahnte ich schon, ich hatte es mit besonders hartnäckigen Vermietern zu tun. Und tatsächlich, als ich in den Flur kam, standen dort sechs von ihnen meiner fauchenden Anwältin gegenüber, und dazwischen ein Makler.

Verdammt! Nun bereute ich, nicht gleich beim ersten Befall den Kammerjäger gerufen zu haben. O. K. hinterher ist man immer schlauer, und jetzt weiß ich: Wenn sich erst einmal Vermieter eingenistet haben, dann sind auch Makler nicht weit. Aber damals wusste ich das noch nicht. Zum Glück hielt meine Anwältin ihnen stand, und ich gab ihr eine paar fette Extra-Paragraphen. Dann kaufte ich eine Lebendfalle. Ich plünderte dafür mein Sparbuch und legte eine ganze Jahresmiete hinein. Am nächsten Morgen jedoch saß meine Anwältin nicht mehr vor den Ritzen und Löchern, sondern schlummerte friedlich am Kamin. „Na du bist mir ja eine schöne Anwältin", sagte ich, da wurde mir klar: Die Vermieter waren verschwunden, andernfalls hätte ja meine Anwältin nicht im Wohnzimmer gelegen. Aber wo waren sie geblieben? In der Falle hockten sie jedenfalls nicht, obwohl das Geld weg war; und ich begann - um mich ein wenig abzulenken - mit ein paar Schönheitsreparaturen. Dabei fand ich sie. Hinter einer Fußleiste: vier Makler und dreizehn Vermieter. Sie lagen da, einige von ihnen noch mit zerrissenen Geldscheinen im Maul, und keiner rührte sich mehr. Ja, sie hatten sich gegenseitig den Garaus gemacht.

Als ich daraufhin erneut beim Mieterbund anrief, um

meine jüngsten Erfahrungen für jedermann verfügbar zu machen, war man zunächst hoch erfreut und begierig, zu hören, wie man derart hartnäckige Vermieter wieder loswerden konnte. Aber als ich dann sagte: „Geben Sie ihnen eine ganze Jahresmiete im Voraus", da legte man wortlos auf. Tja, was soll ich dazu sagen? Ich streichelte meiner Anwältin über den Kopf und ließ meinen Blick durch das Wohnzimmer schweifen, und dabei sah ich ihn: Er lugte ganz kurz unter einer Teppichecke hervor, ein Versicherungsvertreter. - Diesmal allerdings warte ich nicht, bis es mehr werden.

Der Wanderzirkus

Sicher kennen Sie das auch. Oder Sie kennen jemanden, der so etwas kennt: Sie gehen spazieren, und plötzlich folgt Ihnen ein Tier. Eine Katze zum Beispiel. Oder ein Hund. Was jedoch mir neulich folgte, als ich einen gemütlichen Spaziergang unternahm, war etwas ganz, ganz anderes: ein kleiner Wanderzirkus.

Zuerst nahm ich ihn gar nicht wahr. Dann irgendwann sah ich im Augenwinkel etwas, das mein Unterbewusstsein als „bunter Regenschirm" oder „Plastiktüte" oder so etwas abspeicherte. Doch als ich weiterging und sich immer noch etwas Buntes hinter mir befand, drang dieses schließlich in mein Bewusstsein, und ich drehte mich um. Augenblicklich blieb auch mein Verfolger stehen: ein kleines, buntes Zelt, eben ein Wanderzirkus. Eigentlich ja ganz lustig, dachte ich, doch als ich zu Hause ankam, war er immer noch da. Hm, was macht man mit einem Wanderzirkus? Als guter Gastgeber lud ich ihn kurzerhand ein, in meinem Vorgarten zu campieren. Letzterer war zwar nicht besonders groß, aber der Zirkus war es ja auch nicht, insofern passte das zusammen.

Ich selber ging dann ins Haus und erwartete insgeheim, dass irgendwann fröhliche Musik einsetzen würde, befürchtete Lärm in der Nacht, zum Beispiel das Trompeten von Elefanten oder Gebrüll von Löwen, aber nichts dergleichen geschah. Nicht einmal Ponys grasten vor dem Zelt. Stattdessen kam das Ordnungsamt:

„Sie lassen ohne Genehmigung einen Zirkus in Ihrem Garten campieren? Das kostet!"

„Es ist doch nur ein ganz kleiner."

„… kostet 2.000 Euro. Pro Nacht."

„Wie bitte!?"

„Außerdem: Wo sind die Anschlüsse für Wasser und Strom, die Toiletten, hinreichender Abstand zum Nachbargrundstück" und so weiter und so fort.

„Es ist ein Wanderzirkus, die dürfen völlig formlos an jedem beliebigen Ort eine Nacht lang bleiben."

„Das haben Sie sich doch gerade ausgedacht."

Ärgerlicherweise hatte ich mir das gerade ausgedacht und schwieg. Da erklang aus dem Zelt eine leise Melodie.

„Aha, auch noch Geräuschemissionen!"

Dann öffnete sich der Vorhang, die Musik wurde lauter, und es erschien in Frack und Zylinder, auf einem Elefanten reitend, eine kleine Tänzerin. „Guten Abend, meine Herren, Sie wollten mich sprechen?"

Ich deutete auf den Mann vom Ordnungsamt.

„SIE wollten mich sprechen? Dann kommen Sie bitte herein."

„Wie soll das gehen?", blaffte der Typ.

„Geschäftliches erledigen wir grundsätzlich nicht vor der Tür. Kommen Sie bitte."

„Wir erledigen hier gar nichts. Sie sind illegal hier, also erledigen ausschließlich Sie. Und zwar Ihren Abgang!"
„Wir pflegen unsere Genehmigungen nicht draußen aufzubewahren, mein Herr. Und: Wir bleiben!" Die Tänzerin sprang vom Elefanten herunter und stieß einen Pfiff aus. Nacheinander erschienen nun zwei Löwen, ein Bär, ein Dompteur, ein Magier und Ponys, endlos viele kleine Ponys, die im Kreis um den Herrn vom Ordnungsamt herumgaloppierten. Dieser notierte: „Beengte Raubtierhaltung, zu viele Pferde, kein Strom- und Wasseranschluss ..."
„Äh, Verzeihung", mischte ich mich ein, „Strom und Wasser erhalten Sie ja drinnen von mir", ich deutete auf die Katzenklappe, „sie können da jederzeit ein- und ausgehen."

„Und Musik!", rief da die Tänzerin, warf Hut und Frack von sich, stand nun als Primaballerina vor uns und folgte in ihren Bewegungen der Melodie, die aus dem Zirkuszelt erklang, begann zu tanzen, in unbeschreiblicher Anmut, und schien die Situation um sich herum völlig vergessen zu haben.

Doch dann: Bumm-bumm, bumm-bumm, rumms, krk! Das Gartentor zerbarst, und zwar unter dem Fuß eines Riesen, der stehen blieb und die Tänzerin grimmig anblickte. „Ach hier bist du. Ich will sofort meinen Zirkus wiederhaben!"
„Ihren Zirkus?", fragte ich, „Es ist doch ein Wanderzirkus."
„Das glaube ich langsam auch. Er ist mir jetzt schon

zum dritten Mal weggelaufen."
„Sehr gut, sehr gut!" Der Mann vom Ordnungsamt rieb sich die Hände „Dann haben wir ja endlich den Verantwortlichen: 2.000 Euro bitte!"
„Sagt wer?"
„Das Ordnungsamt."
„Kleiner Mann …" Der Riese baute sich vor uns auf, die Musik erstarb, die Tänzerin blieb wie angewurzelt stehen, und die Ponys galoppierten zurück ins Zelt. „Kleiner Mann, er ist mir entlaufen. Entlaufen, hörst du, nicht auf Tournee. Und er hat auch noch keine Nacht hier verbracht. Und der letzte Typ vom Ordnungsamt, weißt du, was wir mit dem gemacht haben?"
Der Mann schluckte, nahm die Beine in die Hand, rannte zu einem grauen Auto und brauste davon.

„Danke Fridolin", sagte die Tänzerin und wandte sich wieder mir zu. „Wissen Sie, er ist unsere Hauptattraktion. Leider passt er als einziger nicht ins Zelt. Könnte er bitte auch hier bleiben?"
Ich nickte. Doch dann kamen mir Zweifel. „Und das Ordnungsamt? Was hat er denn …, also, was haben Sie denn beim letzten Mal mit dem gemacht?"
„Na, ihm 2.000 Euro gegeben, eine Erlaubnis beantragt und Wasser und Strom angeschlossen, was dachten Sie denn?" Dann prustete sie los, und auch Fridolin lachte und lachte, die Ponys kamen wieder hervorgaloppiert und die Kapelle spielte einen Tusch.
„Wissen Sie", meinte die Tänzerin, „die Löwen hatten ja erst eine andere Lösung vorgeschlagen, aber es gibt da so eine Verordnung, also, nach der Beamte

nicht an Raubtiere ..., Sie wissen schon."
Ich schaute sie entgeistert an. Die Tänzerin klopfte sich auf die Schenkel, freute sich, dass ich ihr auch das offenbar wirklich geglaubt hatte, während der Clown Purzelbäume schlug, der Bär lostanzte und der Magier den Elefanten verschwinden ließ.
„So, wir sind jetzt soweit. Komm mit, die Vorstellung beginnt." Und ich folgte der Tänzerin und den Löwen und Ponys und dem Clown in ihr Zelt, und die Vorstellung begann.

Der Briefträger

Sicher kennt ihr das auch, es gibt ja genug Geschichten, die so beginnen: Jemand findet ein Ei. Dieser Jemand nimmt es mit nach Hause, brütet es aus, und wahlweise schlüpft daraus ein süßer kleiner Vogel, ein hässlicher großer Vogel oder ein Drache.

Als ich neulich ein Ei fand, brütete ich es nicht aus, sondern legte es einfach auf etwas Stroh in einen alten Papageienkäfig und tat ansonsten nichts. Das tat das Schicksal von ganz allein: Drei Tage später, ich saß gerade bei Croissant und Milchkaffee am Frühstückstisch, da knackte und knisterte es hinter mir im Vogelkäfig. Ich drehte mich um und sah, wie die Schale des Eies Risse bekam und schließlich aufsprang. Und heraus stieg: ein kleiner Briefträger.

Ich saß da, mit offenem Mund. Ein Briefträger! So was hatte ich mir ja schon immer gewünscht. Allerdings: Er war noch ziemlich klein und konnte rein gar nichts. Ich gab ihm ein paar Krümel von meinem Croissant und schüttete etwas Milchkaffee in seinen Napf. Beides nahm er freudig an. Dann bastelte ich ihm eine Hütte. Der Briefträger strahlte und schmiegte sich an meine Hand.

„So ist's fein. Und wenn du brav bist, bekommst du morgen auch deinen ersten Brief."

Gesagt getan: Ich faltete also einen winzigen Umschlag zurecht, schrieb meine Adresse darauf und steckte ihn zwischen die Gitterstäbe. Der Briefträger sah den Umschlag, hüpfte aufgeregt hin und her, untersuchte den Brief und rümpfte die Nase. Dann schlurfte er in sein Häuschen.

Erst gegen Mittag wurde mir klar, wo das Problem lag: Der Brief war ja gar nicht frankiert. Ich malte also eine kleine Briefmarke hinzu und steckte die Sendung erneut zwischen das Gitter. Daraufhin wurde der Briefträger krank und kam drei Tage lang nicht mehr aus seiner Hütte heraus. Nicht mal Schokoladen-Croissants, die er sonst so gern hatte, vermochten ihn hervorzulocken. Und der Brief lag unzugestellt auf dem Käfigboden.
„Na du bist mir ja ein schöner Briefträger", sagte ich so vor mich hin, da fiel es mir wie Schuppen von den Augen: Ich selbst war schuld an der Misere! Es gab zwar einen Brief, eine Briefmarke und eine Adresse, aber keinen Briefkasten.

Das Basteln war mir ja nun schon zur Gewohnheit geworden, also hängte ich am nächsten Tag einen kleinen Kasten - mit meinem Namen darauf - innen neben die Käfigtür. Als der Briefträger aus seinem Häuschen hervorkam und den Kasten entdeckte, war er augenblicklich wieder gesund und vollführte wahre Freudentänze. Dann nahm er den Brief, schaute sich

Adresse und Marke genau an, glich die Anschrift mit dem Schriftzug auf meinem Briefkasten ab und warf den Umschlag ein. Und ich holte ihn nachts heimlich wieder heraus.

So ging das von nun an jeden Tag, drei Wochen lang. Morgen für Morgen gab ich ihm den Brief, und er steckte ihn zufrieden ein. Dann wollte er plötzlich nicht mehr. Offenbar hatte er die Lust daran verloren, Tag für Tag denselben Brief zustellen. Also bastelte ich ihm einen neuen, und dabei kam mir eine weitere Idee: Auf den alten Brief schrieb ich neben meine Adresse zusätzlich noch das Wort „Einschreiben".

Ihr glaubt gar nicht, was dann los war! Der Briefträger prüfte erst den neuen Brief, sah sich danach den alten an und verfiel in helle Aufregung. Er tanzte und jubilierte, küsste den Umschlag, dann stellte er sich neben den Briefkasten und sah mich erwartungsvoll an. „Eine Unterschrift bitte!" Nun war ich es, der jubilierte, mein Briefträger hatte seine ersten Worte gesprochen.

Von diesem Morgen an übten wir täglich: „Einschreiben", „Wertbrief", „Postzustellungsurkunde", „Nachporto", „Ein Paket für Sie!" Eifrig sprach der kleine Briefträger mir nach und lernte jeden Tag mehr. Allerdings musste ich nun auch Wertbriefe, Postzustellungsurkunden und Pakete für ihn anfertigen, „persönlich vertraulich", „per Nachname" und so weiter. Außerdem trank er seinen Kaffee nun schwarz. So verging die Zeit, bis - ihr könnt es euch vielleicht denken - dem Briefträger auffiel, dass ja alles, was er zustellte, an dieselbe Adresse gerichtet war. Das Zustellen schien ihm daraufhin immer langweiliger zu werden, und schließlich hockte er nur noch vor seiner Hütte und brabbelte vor sich hin. Bis, eines morgens, er mich mit dem Satz begrüßte: „Gnädige Frau, Ihr Morgenmantel lässt aber tief blicken." Das war aus drei Gründen sehr seltsam: Erstens, ich bin keine Frau. Zweitens, ich trug keinen Morgenmantel. Und drittens, ich hatte ihm diese Worte nie beigebracht.

Aber das war noch nicht alles: Einen Tag später stand mein Briefträger halbnackt an der Käfigtür und schob seine Uniform durch die Gitterstäbe. Zunächst war ich entsetzt. Dann kam mir die Idee, die Uniform zu waschen und zu bügeln. Aber als ich sie ihm am nächsten Tag - feinsäuberlich zusammengefaltet - vor die Hütte legen wollte, wartete er bereits auf mich in nagelneuer Uniform mit blinkenden Knöpfen. Offenbar hatte er das alte Postlerkleid abgeworfen und gegen ein neues eingetauscht. Ja, er hatte sich gemausert.

Zur Feier des Tages schenkte ich ihm daraufhin ein kleines gelbes Fahrrad. Der Briefträger fuhr sofort aufgeregt damit hin und her, drehte Runde um Runde in seinem Käfig, verzog sich dann am Abend recht früh ins Häuschen und schlief glücklich ein.

Am nächsten Morgen allerdings stand die Käfigtür offen, und mein Briefträger samt Fahrrad war verschwunden.

Leider habe ich meinen kleinen Freund nie wieder gesehen. Doch immer, wenn ich irgendwo ein Ei entdecke, muss ich automatisch an ihn denken.

Die geniale Idee

Sicher kennt ihr das auch: Die Kinder wünschen sich nichts sehnlicher, als ein Tier. Aber da haben sie die Rechnung ohne meine Frau gemacht: „Ja, und nach zwei Wochen ist die Euphorie verflogen, und an wem bleibt dann die ganze Arbeit hängen?"
Ich springe ihr bei: „Außerdem kostet so ein Tier ja auch Geld, denkt doch mal an Futter, Katzenstreu, Hundekuchen, Papageienkäfig und so weiter und so weiter."
„Dann nehmen wir eben ein Pferd!", rufen die Kinder.
„Da steht ein Pferd auf'm Flur", singt Opa.

Im Ergebnis haben wir dann beschlossen, dass unser Haustier nicht mit im Haus leben soll, keinen Dreck machen und nichts kosten darf, sondern, im Gegenteil, uns auch noch etwas einbringen sollte. Eine Milchkuh kam da eher nicht in Frage, also entschieden wir uns für ... einen Schriftsteller.
„So was hat wirklich nicht jeder", strahlt meine Frau.
Und unsere Tochter wünscht sich „einen zum Knuddeln".
„Shakespeare", wirft Opa in die Runde, „dann lernt ihr gleich noch etwas Englisch."

Die Kinder sind nicht gerade begeistert, aber egal, Hauptsache, der Output übersteigt den Input, anders ausgedrückt: Die Einnahmen aus seinen Werken und Lesungen übertreffen die Lebenshaltungskosten im Gartenhaus.

„Juchhu, wir bekommen einen Gartenhausschreiber!", jubeln die Kinder, nachdem wir uns schlau gemacht haben, wie wir am besten an einen herankommen können. Andernorts gibt es Inselschreiber, Schlossschreiber, Stadtschreiber oder Burgschreiber … und bei uns eben einen Gartenhausschreiber.

Wir beschließen, ihn erstmal nur für den Sommer zu nehmen, da fallen dann auch keine Heizkosten an, und außerdem kann er im Garten mithelfen, schließlich muss er sich ja bei seiner andauernden geistigen Arbeit auch mal ausgleichend körperlich betätigen.

„Obst, Gemüse und Rotwein frei", schreiben wir in die Ausschreibung. Das mit dem Rotwein ist Opas Idee, weil alle Schriftsteller Rotwein trinken, und das mit dem Obst und Gemüse korrespondiert perfekt mit der Gartenarbeit.

„Vielleicht sollten wir das Gartenhaus auch noch etwas isolieren", meint meine Frau. Aber nicht wegen der Wärme oder Kälte, nein, sondern wegen der Stille.

„Die brauchen nämlich ein stilles Kämmerlein", hat unsere Nachbarin gesagt, obwohl wir die gar nicht gefragt haben.

„Ja, je karger, desto besser, dann kann er sich ganz

auf den Büchnerpreis konzentrieren", meint Opa und reibt sich die Hände.

„Alle Rechte gehen an die Veranstalter", formulieren wir für den Ausschreibungstext, das ist fair, dafür bekommt er ja auch unser Gartenhaus inklusive Taschengeld. „Plus Rotwein", ergänzt Opa.
„Hach, was das für ein Renommee einbringt", beneidet uns die Nachbarin, „wir überlegen jetzt auch, uns einen zuzulegen."
Diese Ziege! Das war unsere Idee! Aber mit dem Renommee hat sie natürlich Recht. Ich meine, im Vergleich zu Hund, Sittich oder Goldhamster, da macht so ein Schriftsteller ja schon so einiges her.

Wir schreiben schließlich folgendes: „Knuddelige, Natur liebende Schriftsteller mit Affinität zum Büchnerpreis und hohem, gewinnbringendem Output können sich bei uns um ein zweimonatiges Gartenhausstipendium bewerben. Obst, Gemüse und Rotwein sind frei. Zwei Romane und vier Lesungen erwünscht. Alle Rechte daran gehen an uns. Bewerbungsschluss: April, April!"

Ja, und dann haben wir die Qual der Wahl.

FESUS

Sicher kennen Sie das auch oder haben schon einmal von so etwas gehört: Jemand schleicht sich ein. Zum Beispiel auf einer Tagung oder Hochzeit oder so, und das nur aus einem einzigen Grund: Essen. Anders gesagt: Schnorren, sich gratis am Buffet bedienen, Futtern bis zum Platzen.

Ja, und neulich war dieser jemand ich. Ich spazierte in ein großes Kongresshotel, so gegen 12 Uhr 25, also 5 Minuten vor einer typischen Essenszeit, fand eine Anzeigetafel mit allen Seminaren, Tagungen und Kongressen darauf und entschied mich für FESUS. Und zwar deshalb, weil einige der Teilnehmer bereits im Foyer herumstanden, dass sie zu FESUS gehörten, erkannte man an ihren Namensschildern, vom bevorstehenden Buffet schwärmten und außerdem ganz normal gekleidet waren, in Jeans und Pullover, nur wenige in Anzug und Krawatte, andere wiederum auch schrill und auffällig, also eine bunte Mischung von allem. Darum, so dachte ich, würde ich nicht weiter auffallen und folgte der Gruppe in den Essensaal mit dem Schild „FESUS". Niemand hinderte mich daran, ich stand vor einem üppigen Buffet und mir lief das Wasser im Munde zusammen. Dennoch setzte ich mich vorsichtshalber erst einmal an einen leeren Tisch, goss mir etwas Orangensaft ein und beobachtete die Ankömmlinge.

Plötzlich geschah etwas Bizarres: Punkt 12 Uhr 31 schlug jemand einen Gong, und alle stürzten sich auf das Buffet, füllten sich bergeweise Speisen auf die Teller, und zwar offenbar jeder von allem. Da lagen Fisch und Fleisch neben Pfannkuchen, Spargel und Erdbeersorbet, Kaviar neben Pommes, Rotkohl neben Mousse au Chocolat, und keiner, so schien es, wollte auf seinem Teller auch nur das geringste bisschen Platz lassen. Ich fragte eine Frau, ob man womöglich nur ein einziges Mal zum Buffet gehen dürfe.
„Haben Sie es denn nicht mitbekommen? Irgendwo im Essen befinden sich Diamanten, insgesamt drei Stück."
Schnell schnappte auch ich mir einen Teller, füllte ihn bis obenhin und rannte zu meinem Tisch. Dort hatten sich mittlerweile auch drei FESUS-Mitglieder niedergelassen, sie waren, offenbar um Zeit zu sparen, direkt ans Buffet gegangen und hatten sich erst danach einen Tisch gesucht, schaufelten nun ihre Speisen nur so in sich hinein, nicht vorsichtig und aufmerksam, so wie ich es tun wollte, sondern schnell, hektisch und mit entschlossenen Minen.
„Haben Sie denn gar keine Angst, unbemerkt einen zu verschlucken?", fragte ich.
„Einen was?"
„Na, einen der Diamanten."
Die drei schauten sich kurz an, dann lachten sie los.
„Wer hat Ihnen denn den Quatsch erzählt?"

„Da ist gar kein Diamant im Essen versteckt?"
„Natürlich nicht. Und Sie, Sie gehören auch nicht zu uns, sonst hätten wir Sie ja im Tagungsraum gesehen. Hören Sie, wenn Ihnen Ihr Leben lieb ist, dann rennen Sie! Rennen Sie sofort zur Rezeption und lassen sich ein Brechmittel geben."
„Wie bitte?"
„FESUS: Förderation erfolgloser Selbstmörder und Suizidkandidaten. Dieses Essen soll uns endlich, endlich Abhilfe verschaffen, verstehen Sie: E605, Strychnin, Arsen und so weiter und so weiter. In 30 Minuten werden wir alle wieder im Tagungssaal sitzen und dort gemeinsam sterben."

Urg. Mir wurde ganz komisch, ich sprang auf, verließ den Saal und rannte die Treppe hinunter zur Rezeption.
„Ein Brechmittel, schnell, und einen Arzt!"
Die Rezeptionistin grinste: „Gehören Sie etwa zu FESUS?"
„Ja, nein, also, ich habe mich eingeschlichen. Aber ich will gar nicht sterben."
„Müssen Sie auch nicht. Die sind wirklich schräg drauf, die von FESUS, die kommen jedes Jahr mit neuen Ideen."
„Jedes Jahr? Selbstmörder?"
„Das haben die Ihnen erzählt?" Die Frau schüttelte sich vor Lachen. „FESUS, das ist die Förderation exzessiver Spaßvögel und Scherzkekse."

Puh! Zentnerweise Steine fielen mir vom Herzen, wenn auch keine Diamanten, und dabei kam mir eine

Idee. Ich ging in den kleinen Juwelier-Shop im Hotel-Foyer und fragte nach Modeschmuck, entschied mich blitzschnell für einen falschen Diamanten, bezahlte, nahm ihn in den Mund, rannte wieder hinauf, setzte mich an meinem Tisch, wo drei Augenpaare mich verwundert anstarrten, schaufelte das Essen in mich hinein, stutzte plötzlich und tat überrascht, spuckte den Diamanten aus und rief: „Ich hab einen!"

Die drei blickten verdutzt auf meinen Teller, dann sprangen sie auf und schossen in Richtung Buffet, hielten dort jedoch inne und tuschelten miteinander. Anschließend kamen sie wieder auf mich zu. „Gar nicht schlecht für den Anfang. Wollen Sie nicht Mitglied bei uns werden?"

Codewort „Osterinseln"

Auf Coras Schreibtisch stapelten sich die Akten, wieder würde sie nicht vor 16 Uhr nach Hause kommen, obwohl sie nur bis 13 Uhr bezahlt wurde, und der Hausmeister hatte ihr auch noch die Sache mit dem Wasserrohr aufgedrückt: SIE solle das mal mit dem Klempner regeln, ER habe ab Mittag frei. Und als ob das alles noch nicht genug gewesen wäre, gab ausgerechnet an diesem Tag Lilli das Stichwort durch: Osterinseln.

Schon lange träumten sie und Lilli aus der Buchhaltung von einer Reise dorthin, aber das Wort hatten sie nur deshalb ausgewählt, damit der Chef keinen Verdacht schöpfen konnte. Denn ihrerseits hatten sie ihn in Verdacht, dass er sie irgendwie abhörte oder beobachtete, zumindest wusste er immer viel mehr, als er eigentlich wissen konnte. So warteten sie nun schon seit Wochen darauf, es ihm endlich einmal heimzuzahlen, das Abhören, die unbezahlten Überstunden, seine Arroganz, und nun war es so weit: Er war wieder einmal mit der Meier in seinem Büro verschwunden.

Cora und Lilli hassten die Meier, diese blondierte Gewitterziege aus der Personalabteilung, deren Röcke noch kürzer waren als ihre Arbeitszeit. Und wie hoch die ihre Nase trug, seit sie mit dem Chef rum machte. Aber erst einmal wollten sie letzterem einen Stich versetzen, genauer gesagt, seinem Ferrari, und jetzt war die Gelegenheit gekommen: Der Hausmeister war nicht mehr da, die anderen in der Mittagspause, und der Chef trieb es mit der Meier.

Osterinseln - Cora verließ ihren Schreibtisch und lief hinunter zu Lilli. Sie holten sich das Bund mit den Kellerschlüsseln aus dem Hausmeisterraum, stiegen hinab ins Archiv, durchquerten den Heizungskeller und liefen gebückt durch den Versorgungsgang bis hin zu der Klappe unter dem Hof, genauer gesagt, unter dem Ferrari des Chefs. Sie drückten diese hoch und zerstachen ihm beide Vorderreifen, dann kicherten sie und klatschten sich lautlos ab.

Ja, und wenn sie es damit hätten bewenden lassen, dann wäre der Rest des Tages vermutlich ganz normal verlaufen, doch plötzlich flüsterte Lilli: „Los, komm weiter!"
„Du meinst ...?"
Lilli nickte.
Sie zogen die Klappe wieder zu und folgten dem Gang bis unter den gegenüberliegenden Gebäudetrakt, den mit dem Chef-Büro.
„Und nun?"
„Wir überraschen sie. In flagranti."
„Du spinnst!"
„Das wird voll peinlich für die. Und dann verlangen wir ne saftige Gehaltserhöhung."

„Also, mir würde schon reichen, wenn er die Überstunden bezahlte."
„Quatsch. Wir fotografieren sie dabei per Handy. Und dann, dann muss er blechen."
„Ich weiß nicht."
„Scht! Wir sind unter seinem Büro. Hörst du was?"
Sie lauschten eine Weile, dann meinte Lilli: „Nichts. Wir müssen nach oben."
Sie stiegen die Treppe hinauf, probierten alle Kellerschlüssel aus, fanden den passenden und öffneten vorsichtig die Tür. In diesem Moment vernahmen sie ein lautes Stöhnen, dann einen Schrei: die Gewitterziege. Lilli schoss los und stürmte mit fotobereitem Handy ins Chefbüro: Dort lag die Meier auf dem Boden und rührte sich nicht mehr.

„Gut, dass sie da sind, meine Damen. Frau Meier wollte mich soeben erpressen. Entweder Geld oder sie würde eine vermeintliche Affäre mit mir publik machen. Diesbezügliche Gerüchte hat sie ja offenbar schon gestreut. Und sicher ist auch Ihnen nicht entgangen, dass sie in letzter Zeit immer weniger Stoff am Leib getragen hat, ziemlich billig, wenn Sie mich fragen."
Lilli ließ das Handy sinken: „Wie, wie können wir Ihnen helfen?"
„Sie beide? Sie haben doch schon genug getan in den letzten Monaten, all Ihre Überstunden. Wissen Sie, ich hatte Frau Meier gerade angewiesen, eine Gehaltserhöhung für Sie vorzubereiten. Sie allerdings meinte, ein Gutschein täte es doch auch, so für Kik oder so. Würden Sie mir helfen?" Er deutete auf die

Kellertür. "Wir müssen sie ins andere Gebäude tragen."
Cora und Lilli liefen zurück und öffneten erneut jene Tür, durch sie gerade erst hereingekommen waren.
„Könnten Sie sie unten entgegennehmen."
Die beiden stellten sich am unteren Ende der Treppe auf, und oben - RUMMS - knallte die Tür zu. Das Licht ging aus, und sie hörten Geräusche, als ob ein Möbelstück verschoben würde.
„Das Licht ist ausgegangen!", rief Lilli hinauf.
Von oben schrilles Gelächter: die Meier.
„Aber wie ...? Schnell zurück!"
Sie kehrten um, stolperten durch den Gang, hörten, wie auf dem Hof über ihnen ein Auto anfuhr und trotz zerstochener Reifen offenbar genau auf der Klappe stehen blieb, jedenfalls ließ sich diese nicht mehr hoch drücken, dann schnelles Getrippel von Stöckelschuhen.
„Weiter!"

Als sie den Heizungskeller fast erreicht hatten, schlug auch dort die Tür zu.
„Tja Mädels, das war's dann wohl. Ihr solltet doch den Klempner rufen und nicht im Keller rumspionieren." Die Stimme der Meier, dann ein Plätschern. „Rohrbruch, wie schade."

Das Wasser begann, langsam zu steigen, und Cora und Lilli hörten in gedämpfter Ferne ein letztes Mal die verhasste Stimme: „Ich hab's dir doch gesagt Heinzi: Das klappt auch ohne Abfindung. Fahren wir jetzt zu dir oder zu mir?"

Sherlock Schmitt und Rosalie

Gestatten, Schmitt, Sherlock Schmitt. Und nun raten Sie mal, was ich von Beruf bin.

Übrigens: Ich trage dabei am liebsten einen hellen Trenchcoat. Das ist dermaßen auffällig, dass jeder sofort an einen Detektiv denken muss und man ergo in mir keinen solchen vermutet. Ja, ich bin dem Bösen immer zwei Schritte voraus. Natürlich heiße ich auch nicht wirklich Sherlock, aber Sie wissen ja: Wenn jemand diesen Namen hört, denkt er sofort an einen Detektiv und vermutet in mir ergo einen solchen gerade nicht.

Echt dagegen ist meine ständige Begleiterin und Assistentin, Rosalie. Übrigens: Raten Sie mal, was sich in der vergrößerten Tasche meines Trenchcoats befindet. Sie wissen es nicht? Ich sagte es bereits: Rosalie. Rosalie ist ein Chihuahua, genauer gesagt, eine Chihuahua-Dame. Sie ist einzigartig, und ich würde sie gegen keinen Schäferhund der Welt eintauschen. Denn erstens: Rosalie ist schnell wie der geölte Blitz. Zweitens: Rosalie kann kläffen wie ein ganzes Rudel Jagdhunde. Und drittens: Ihr Spitzname lautet „Flummi". Ja, mit ihrem flummiartigen Umhergespringe, meist verbunden mit hellem Gekläffe, bringt sie selbst Verbrecher zum Lachen, und zwar so lange, bis Verstärkung im Anmarsch ist. Außerdem - Vorsicht, das ist jetzt nicht ganz stubenrein, aber es ist eben so - packt Rosalie die Verbrecher nicht am Bein, sondern im Schritt. Ja, wirklich. Natürlich beißt sie nicht ernsthaft zu, aber sie beißt sich fest. Das genügt in der Regel. Und wenn jemand sie abschütteln will, dann beißt sie sich noch ein wenig fester. Das genügt dann mit Sicherheit. Es sei denn, der Verbrecher ist weiblich. Für Verbrecherinnen hat sie eine andere Strategie entwickelt: Rosalie guckt ganz, ganz süß mit ihren großen dunklen Knopfaugen. Oder ganz, ganz treu. Mal ehrlich, welche Verbrecherin vermutet hinter so einem Blick einen der berüchtigtsten Detektivhunde der Welt?

Wenn wir gerade nichts zu tun haben, zieht Rosalie sich gern tief in meine Trenchcoat-Tasche zurück und hält dort ein Nickerchen. Um fit zu sein für den nächsten Auftrag. Unser jüngster zum Beispiel lautet: die Gullydeckel-Bande überführen. Diese arbeitet wie folgt: Einer der Täter hebt mitten in der Einkaufsstraße ziemlich auffällig einen Gullydeckel aus dem Pflaster, nähert sich damit einem Schaufenster und … verschwindet. Da jeder dahinter sofort die Gullydeckel-Bande vermutet, ruft man die Polizei, die mit großem Aufgebot anrückt, während am anderen Ende der Einkaufsstraße still und heimlich der Einbruch geschieht. Tabakwaren, Markenklamotten, Schmuck, die Gullydeckel-Bande ist da nicht wählerisch. Und der Polizei immer einen Schritt voraus. Darum haben die genervten Ladenbesitzer ja auch Hilfe gesucht, jemanden, der seinerseits der Gullydeckel-Bande einen Schritt voraus ist, anders gesagt: einen Schritt plus noch einen gleich zwei.

Rosalie und ich werfen uns also in den Trenchcoat, ich in den Coat und sie in dessen Tasche, und mischen uns unter das Volk. Dabei interessieren wir uns insbesondere für … Schornsteine. Das ist die perfekte Tarnung, denn: Willst du etwas observieren, das sich unten befindet, dann schau nach oben. Da denkt garantiert niemand, dass du Gullydeckel observierst.

Dann, als es zu dämmern beginnt, geschieht es: Rosalie und ich stoßen rückwärts mit einem Mann zusammen, der ebenso wie wir rückwärts gehend in eine bestimmte Richtung blickt, wir nach oben, er nach unten. Keine Frage, er sucht nach einem geeigneten Gullydeckel.
„Huaah!", machen der Mann und ich gleichzeitig, dann macht er sich weiter auf die Suche und wir uns davon. Denn man muss dem Bösen immer zwei Schritte voraus sein: hier der Mann mit dem Gullydeckel und am anderen Ende der Einkaufsstraße der Einbruch.

Als wir dort ankommen, sehen wir sie vor dem Blumengeschäft. Sie machen sich gerade an dessen Tür zu schaffen, genauer gesagt, sie schließen diese auf.
„Na, Herr Schmitt, wieder auf Verbrecherjagd?"
Mist, die Blumenhändlerin selbst.
„Und Sie so spät noch im Geschäft?"

„Wichtige Kundschaft!" Sie deutet auf den Mann neben sich, der kurz den Kopf hebt.
„Ach, guten Abend, Herr Kommissar."
„Pschscht!", macht Kommissar Müller und fügt leise hinzu: „Wir observieren aus dem Blumenladen heraus."
Augenblicklich machen Rosalie und ich kehrt. Denn wenn die Gullydeckel-Bande der Polizei immer einen Schritt voraus ist, dann wissen die natürlich, dass von hier aus observiert wird, und das kann nur eines bedeuten: Sie haben ihre Strategie geändert. Nein, dieses Mal war das gar kein Ablenkungsmanöver, das mit dem Gullydeckel, sondern die Tat selbst.

Wir rennen also durch die Dämmerung, Rosalie und ich, erreichen die betreffende Stelle, und siehe da: Dort, wo wir mit dem Mann zusammengestoßen sind, fehlt ein Gully-deckel, und bei Gucciani klafft ein großes Loch in der Scheibe.

Da die Polizei am anderen Ende der Einkaufsstraße lauert, ist von ihr so schnell keine Hilfe zu erwarten, also lasse ich Rosalie aus der Manteltasche.
„Fass, fass den Einbrecher!" Dann setze ich sie vorsichtig ins Schaufenster von Gucciani.
Kurz danach ein Gekläffe, wie von einem ganzen Rudel Jagdhunde, dann macht der Einbrecher den entscheidenden Fehler: „Verschwinde, du kleine Fußhupe!"
„Fußhupe", eines jener Wörter, die Rosalie erst so richtig giftig machen.

Ich wähle schon mal die Nummer der Polizei. „Ja. Ja, bei Gucciani." Dann zähle ich langsam bis 20. Bei 15 oder 16, spätestens bei 20 ist es in der Regel soweit.
„13, 14, 15 ..."
„Bitte nicht, bitte nicht, bitte nicht!"
„16"
Aus dem Dunkel von Gucciani wankt breitbeinig, in gebückter Haltung der wimmernde Einbrecher hervor und streichelt dabei hektisch Rosalie, die an neuralgischer Stelle in seiner Hose hängt.
„Feines Hündchen, braves Hündchen. Bitte nicht, bitte nicht!" -

Im Ergebnis geschieht dann folgendes: Die Bande wird gefasst, Gucciani schenkt uns einen neuen Trenchcoat, und in der Zeitung steht: „Polizei war der Gullydeckel-Bande einen Schritt voraus." Was ja im Prinzip auch stimmt. Rosalie und mich erwähnt man nicht. Und das ist gut so. Denn wir ziehen es vor, inkognito zu bleiben. Wir sind dem Bösen nämlich immer zwei Schritte voraus.

Spurlos im Schnee

„Nun beruhigen Sie sich doch, Frau Weiss. Wir werden Ihren Mann schon finden."
„Mein Mann ist hier. Was wollen Sie überhaupt?"
„Frau Weiss, Ihr Mann ist seit zwei Wochen verschwunden."
„Der? Der war noch nie länger als drei Tage weg."
„Sie, Sie sollten vielleicht etwas Abstand gewinnen. Fahren Sie doch mal zu Verwandten oder so."
„Schauen sie", Frau Weiss deutete auf die Kinder im Garten, die gerade eine Schneeballschlacht veranstalteten, „die müssen zur Schule, und ich, ich brauche keinen Abstand!"
„Wir werden wirklich alles Erdenkliche tun ..."
„Ach ja? Dann können Sie mal Schnee schieben. Dabei kommen SIE vielleicht auf andere Gedanken. Oder machen Sie mit den Kindern ne Schneeballschlacht. Oder ...", sie blickte erneut aus dem Fenster, „bauen Sie einen Schneemann, darüber würden die sich freuen. Den rechten da hat übrigens mein Mann ..."
„Frau Weiss, als ihr Mann verschwand, lag noch gar kein Schnee."
„Mein Mann ist nicht verschwunden."
„Vor zwei Wochen!"

„Vor zwei Wochen? Da hat es total geschneit."
„Ja, nachdem Ihr Mann vermisst wurde ..."
„Aber nicht von mir!"
„Wissen wir doch, Frau Weiss, wissen wir. Wirklich, wir tun alles, um ihn zu finden. Aber wir können nicht ausschließen ..., also, mit jedem Tag, den er ..."
„WAS können Sie nicht ausschließen?"
„Lassen Sie's gut sein. Wenn Sie uns brauchen, wir sind jederzeit für Sie da."
„O. K., morgen früh um sechs, falls es heute Nacht wieder schneit."
„Frau Weiss!"
„Sind Sie nun für mich da, oder nicht?"
„Natürlich."
„Dann bauen Sie mit den Kindern ne Schneefrau. Da neben dem anderen, da ist noch genug Platz."
„Für so was sind wir aber nicht ..."
„Hier", sie griff nach einer Möhre, „die ist schon mal für die Nase."
„Frau Weiss, ich glaube, wir kommen besser morgen wieder. Auf Wiedersehen."
„Denken Sie dran: Bis sechs muss der Schnee weg sein!"
„Äh ... oder übermorgen."
„Also meinetwegen auch gar nicht!"
„Auf Wiedersehen, Frau Weiss, auf Wiedersehen."
„Ja, auf Wiedersehen", sie ging noch bis zur Gartenpforte mit, winkte kurz und klopfte dem Schneemann auf die Schulter: „Solange es nicht taut, finden die dich nie."

Camilla Jones

Ob Camilla Jones wirklich „Camilla Jones" hieß, wusste niemand; aber in dem zusammengerollten Teppich befand sich ja auch keine Leiche.

Camilla Jones war erst vor kurzem in das Haus gezogen, genauer gesagt, in die linke Wohnung UND in die rechte Wohnung unter dem Dach, dem Flachdach des vierstöckigen Mietshauses. Beide Wohnungen hatten Zugang zu diesem Dach und Camilla Jones sich dort einen kleinen Garten eingerichtet mit Bienenstock, Wasserfall und großen blauen Schlümpfen.

All das hatten die Nachbarn herausgefunden, indem sie sich im angrenzenden Mietshaus auf das Dach begeben hatten, ja, man kannte sich hier gut, und große blaue Schlümpfe waren eindeutig verdächtig. Seltsamerweise kam niemand auf die Idee, dass ein Defekt am Wasserfall das ganze Haus durchfeuchten und erheblichen Schaden verursachen könnte, nein, alle sahen nur diese Schlümpfe; und den Honig, den Camilla Jones ihnen geschenkt hatte, warfen sie weg. Wer wusste schon, was da alles drin war, bei so einer.

Auf die Idee allerdings, den Honig analysieren zu

lassen, kam hier niemand, ganz anders, als dort, wo Camilla Jones vorher gewohnt hatte. Da hatte nämlich jemand ein Labor beauftragt und sich nach dessen Honig-Analyse voll und ganz in seinem Verdacht bestätigt gesehen. „Besser als Bio", hatte das Ergebnis gelautet, und das konnte natürlich nicht sein. Zum Glück war Camilla Jones dann ja wieder ausgezogen.

Und nun hatte sie neue Nachbarn. „Zwei Wohnungen", hatten diese getuschelt, „von denen jede allein bereits für eine Person viel zu groß ist. Und dann diese Schlümpfe!"
O. K., fast alle hatten sie Gartenzwerge auf ihren Balkons, und manche auch Schlumpffiguren in ihrer Wohnung, aber doch nicht so große! Nein, Camilla Jones, war offensichtlich nicht normal.

Und als letztere die gesamte Nachbarschaft zu einer Dachgartenparty eingeladen hatte, war man sich sofort einig gewesen, nicht hinzugehen. Bis einer aussprach, was alle dachten: Man müsste ihr ja mal auf den Zahn fühlen. Woraufhin alle doch hingingen, allerdings keine Honigbrote aßen, dafür aber Bier und Wein tranken und lustig waren ... und am nächsten Tag sich wieder ganz, ganz sicher, dass Camilla Jones erstens nicht richtig tickte und zweitens etwas zu verbergen hatte. Zum Beispiel drei Ehemänner, die sie einen nach dem anderen unter die Erde gebracht hatte. Oder sie erpresste jemanden. Wie sonst konnte sich eine allein stehende Frau zwei Wohnungen UND einen Dachgarten leisten? Plus Wasserfall. Demnächst würde sie womöglich auch noch einen Swimmingpool installieren. Außerdem: Wer hatte schon etwas zu verschenken, auch wenn es nur Honig war? Und dann diese Schlümpfe! Wie hatte sie bloß den Vermieter dazu bewegen können, all das zuzulassen, es sein denn, sie … Und so gingen hinter vorgehaltener Hand die wildesten Gerüchte um, bis die Sache mit dem Teppich geschah.

Siebzehn Augenpaare verfolgten hinter den Gardinen, dass seitens Camilla Jones ein großer zusammengerollter Teppich in einen Transporter verladen wurde, ein Teppich, in dem locker ZWEI tote Ehemänner Platz gefunden hätten, und die Telefone standen nicht mehr still; bis man sich einig war, dass jeder rechtschaffene Bürger die Pflicht hatte, in so einem Fall die Polizei zu rufen. Also rief man die Polizei, und diese kam.

Es sei jedoch, so erläuterten die Beamten, kein Verbrechen, einen Teppich zu transportieren, und ohne konkreten Verdacht … Die Polizisten fuhren wieder davon, und Camilla Jones ließ ihren Teppich wieder ausladen und in die Wohnung zurücktragen. Daraufhin umstellten die Nachbarn den Transporter und forderten den Fahrer auf, die Hecktür zu öffnen. Als dieser sich weigerte, zerrte man ihn aus dem Fahrzeug, fesselte und knebelte ihn und öffnete die Tür selbst, auf der Ladefläche drei große Schlümpfe.

„Huch!", die Stimme von Camilla Jones erklang hinter ihnen, „Äh, ja, äh, die Schlümpfe, wissen Sie, ich habe sie umgetauscht gegen Gartenzwerge, ich dachte, die passen besser in diese Gegend. Aber das muss ja nicht gleich jeder mitkriegen. Übrigens: Morgen Abend Gartenzwergparty. Bei mir auf der Dachterrasse. Sie sind alle eingeladen." Dann band sie den Fahrer los, gab ihm ein derartig großes Trinkgeld, dass er den ganzen Vorfall sofort wieder vergaß, und ging zurück ins Haus.

Die Nachbarn schauten Camilla Jones nach. Gartenzwerge? Hm, vielleicht war sie ja doch ganz O. K.

Die sechs Gläser

Acht Euro, das war echt ein Schnäppchen! - Als sich der Mann gegenüber nach dem Wechselgeld umdrehte, überlegte sie, wie alt er wohl sein mochte. Hm, schwer einzuschätzen, vielleicht so um die ...
„Psst!", plötzlich zupfte sie jemand am Arm. Neben ihr stand ein altes Mütterchen und blickte sie eindringlich an: „Sie haben doch hoffentlich nichts gekauft?!"
„Doch, wieso?"
„Geben Sie's zurück! Nein, nehmen Sie es erst gar nicht an!" Dann hatte es die Alte eilig, wegzukommen.

Der Verkäufer drehte sich wieder um und gab zwei Euro heraus: „Bitte sehr, die Dame. Und viel Spaß damit!" Er deutete auf den hölzernen Kasten, der geöffnet auf dem Verkaufstisch lag, und lächelte sie an: „Und denken Sie immer an meine Worte!"
„Vielen Dank, und auf Wiedersehen!" Sie warf noch einen kurzen Blick auf ihre sechs Gläser, schloss den Deckel, hakte die Riegel ein und klemmte sich den Kasten unter den Arm. Dann bummelte sie gut gelaunt weiter über den Flohmarkt.

„Psst!", da war das Mütterchen wieder, „Was haben Sie getan?!"
„Bitte lassen Sie mich los, ich möchte weitergehen!" Sie drückte den Kasten an sich.
Die Alte ließ von ihr ab und begann zu singen: „Ein Glas für die Liebe, ein Glas gegen Durst, ein Glas zum Vergessen, und eines für Wurst, ein Gläschen für Lachen und kleines Glück, die Zwillinge bringen dich vor und zurück."
„Sie haben es gehört?", fragte sie erstaunt.
„Er hat es Ihnen ins Ohr gesagt, nicht wahr?"
„Ja." - Exakt diese Worte hatte der Verkäufer ihr zugeflüstert, als sie interessiert in den Kasten geschaut hatte. „Woher wissen Sie das?"
„Ich habe sie besessen!"
„Wen?"
„Die Gläser."
„Meine Gläser?"
„Nicht Ihre, sie gehören Ihnen nicht, nur auf Zeit!"
„Hallo, ich hab die gekauft!"
„Man kann sie nicht kaufen. Er wollte, dass Sie sie haben."
„Und warum gerade ich?"
„Ich weiß nicht. Niemand weiß es. Er hat Sie ausgewählt."
„Ha, dann bin ich also eine ‚Ausgewählte'", sie lachte, „Hören Sie, ich bin hier ganz zufällig über den Flohmarkt gegangen und hab genauso zufällig die Gläser entdeckt. Und acht Euro sind wirklich nicht zuviel."
„Jeder Euro ist zuviel! Ich kenne die Gläser."
„Ach, dann können Sie mir ja sicher auch deren Be-

deutung erklären."
„Natürlich! Ich habe sie ausprobiert. Alle!"
„Logisch, man trinkt ja aus Gläsern. - Das Weinglas bekommt übrigens mein Großvater und das Stundenglas mein Nachbar, der alte Kapitän. Und das Senfglas werfe ich weg."
„Das können Sie nicht!"
„Und wieso nicht?"
„Jede, die sie kauft, muss sie ausprobieren, keine kann dem widerstehen."
„Jede? Keine?"
„Er gibt sie nur an Frauen. So wie Sie, jung und schön!"
„Ach, und wie haben SIE sie dann bekommen?"
„Ich war jung ... und dumm."
„Vor 100 Jahren, oder wann?"
„Nein!", die Alte schüttelte den Kopf, „Letztes Jahr."
„Wissen Sie was? Lassen Sie mich in Ruhe!"
„Glauben Sie's, oder glauben Sie's nicht, ich möchte Ihnen helfen. Noch können Sie sie zurückbringen, aber später ..., es ist wie ein Zwang. Auch ich musste sie ausprobieren: ‚Ein Glas für die Liebe ...', hat er gesagt, also trank ich daraus ..."
„Und dann?"
„Dann stand meine große Liebe vor der Tür. Er hatte sich überraschend von seiner Frau getrennt."
„Ach, wirklich?!"
„... ‚ein Glas gegen Durst'", fuhr die Alte fort: „Das Wasserglas, es füllt sich von allein, immer wieder."
„Na, das lässt sich ja ausprobieren. Ich könnte zum Beispiel mal in die Wüste reisen ..."
„Sehen Sie, das ist es, was ich meine. Es wirkt! Auch

bei Ihnen."
„Und wie funktioniert das mit dem Vergessen?"
„Das Bierglas, wenn Sie daraus trinken, vergessen Sie all ihre Sorgen."
„Ja, klar, so ab dem siebenten Bier."
„Nein, nach dem ersten Schluck!"
„Das ist doch toll! Und ... etwas zu essen hab ich wohl auch immer?"
„Wurst mit Senf und Brot."
„Sie wollen mir doch nicht weismachen, dass das Senfglas ne Imbissbude ist, oder?"
„Sie machen sich lustig. Noch. Bringen Sie sie zurück, bevor es zu spät ist!"
„Aber ich muss doch erst das mit dem Glück probieren: ein Schlückchen Prosecco aus dem Sektglas, nehme ich an?"
„Ja. Sie werden einen Tag lang fröhlich sein und sich an vielen kleinen Dingen erfreuen. Und dann werden Sie auch das sechste Glas ausprobieren."
„Das Stundenglas? Zwei miteinander verbundene Gläser: ‚Die Zwillinge bringen dich vor und zurück.'"
„Er lügt."
„Wie: ‚er lügt'? Bringt mich das Zwillingsglas denn nicht ‚vor'?"
„Doch, Sie müssen nur Sand hinein geben und diesen durchlaufen lassen."
„Und dann? Wohin komme ich dann?"
„In die Zukunft."
„Ist doch toll! Dann schau ich mir am Samstag die Lottozahlen an, komm wieder zurück, füll den Schein aus, und schwupp, bin ich Millionär."

„Sie kommen nicht mehr zurück! Er lügt! Alles andere stimmt, ja, aber das nicht. Sie bleiben in der Zukunft gefangen. Und er lebt dann Ihre Zeit. Die Sie verloren haben. Ewiges Leben. Darum wird er nicht alt. Nur Sie. Schauen Sie mich an!"
„Wissen Sie was? Nehmen Sie doch einen Schluck aus dem Bierglas, dann vergessen Sie all diesen Quatsch."
„Ich wollte Ihnen helfen. Nun denn, viel Glück!" Die Alte entfernte sich rückwärts und sang dabei vor sich hin: „Ein Glas für die Liebe, ein Glas gegen Durst, ein Glas zum Vergessen, und eines für Wurst, ein Gläschen für Lachen und kleines Glück, die Zwillinge bringen dich NIE MEHR zurück."

Elfis Traum

Niemand wusste, woher er gekommen war. Und niemand fand heraus, wohin er anschließend verschwand. Aber er war da gewesen. Einem Kind hätte man das normalerweise nicht geglaubt, ein Tiger in diesen Gefilden, aber man musste der kleinen Elfi glauben, denn nichts anderes hätte ihre Eltern dergestalt zurichten können, als ein großes Raubtier.

Elfi hatte nicht geweint, sondern der Polizei in ruhigen Worten geschildert, dass ein Tiger sie im Garten überrascht habe, ihr Vater sei schreiend auf diesen zu gerannt und habe ihr und ihrer Mutter zugerufen: „Lauft weg! Lauft weg!" Ihre Mutter und sie aber hatten nur wie gebannt dagestanden und sich nicht rühren können, als der Tiger den Vater anfiel. „Schnell, lauft weg!"

Die Mutter war dann zum Haus gerannt und der Tiger, offenbar durch die plötzliche Bewegung provoziert, ihr nach gesprungen und hatte sie eingeholt. Elfi hatte unterdessen ihren Vater erreicht, sich zu ihm heruntergebeugt und sein Gesicht gestreichelt, während sein Atem immer schwächer wurde. „Geh zu Clo-thilda", hatte er noch geflüstert und dann die

Augen für immer geschlossen.

Elfi hatte sich umgeschaut, aber der Tiger war nicht mehr da gewesen. Und ihre Mutter hatte in einer Blutlache gelegen, vor der Haustür, ebenfalls tot.

Erst Tage später, als Elfis Schock sich gelegt hatte, hatte sie angefangen zu weinen, hatte drei Tage und Nächte lang durchgeweint, und dann, als ihr klar geworden war, dass sie sich in einem Waisenhaus befand, mit fester Stimme verkündet: „Ich will zu Clothilda!"
„Wer ist Clothilda?"
Doch was auch immer die Menschen Elfi fragten, sie antwortete nur mit: „Ich will zu Clothilda!"
Es hatte dann zwei Monate gedauert, bis sich herausstellte, dass eine Großtante Clothilda tatsächlich existierte, und einen weiteren Monat, bis man diese ausfindig gemacht hatte. -

Die alte Dame kam zu Fuß, sah Elfi lange an und nickte: „Ich habe auf dich gewartet, Elvira." Dann nahm sie Elfis Hand, griff nach der Tasche mit den wenigen Dingen, die man Elfi gelassen hatte, etwas Kleidung und ihr Lieblingsbuch, und sie wanderten los. Unterwegs aßen sie Äpfel und ein paar Beeren vom Straßenrand, tranken Wasser aus einem Brunnen, erreichten am Abend das Nachbardorf und noch ein Stück weiter das Haus von Tante Clothilda. Plötzlich brach die Tante ihr Schweigen: „Gib mir das Buch!"
„Buch? Welches Buch?"

„Dein Tierbuch."
„Das, das haben sie mir weggenommen, so wie alles andere auch."
Tante Clothilda schaute sie entgeistert an. „Das ist nicht gut."
Anschließend zeigte sie Elfi ihren verwunschenen Garten, danach gingen sie in den Wald auf eine Lichtung und sammelten Pilze und Beeren, aus denen Tante Clothilda später das Abendessen bereitete.

„Erzähl mir ganz genau, was passiert ist."
„Da war ein Tiger." Elfi musste schlucken, dann verfiel sie in einen teilnahmslosen Berichtston und schilderte Tante Clothilda die Ereignisse: „Niemand hat ihn gesehen, außer mir, aber er war da."
„Ich weiß, Elfi, ich weiß", murmelte die Tante.
„Woher weißt du das?"
„Er war auch hier."
„Hier bei, dir? Wo, wo ist er? Kommt er wieder?"
Ängstlich schmiegte sich Elfi an ihre Großtante.
„Ja", sagte Tante Clothilda, „ja, er kommt immer wieder."
Elfi zitterte plötzlich am ganzen Körper.
„Vielleicht kommt auch ein Löwe oder ein Bär. Aber sie kommen wieder und immer wieder.
„Warum?"
Tante Clothilda schüttelte den Kopf: „Nein Elfi, nicht jetzt. Hier bist du sicher."
„Wann, wann war denn zuletzt einer hier?"
Tante Clothilda schwieg eine Weile, dann antwortete sie: „Vor drei Monaten, Elfi, am Tag, als deine Eltern starben. Da wusste ich, dass du kommen würdest."

„Aber ... er hat DIR nichts getan."
„Nein Elfi, er hat mich nicht gesehen. Ich bin müde, lass uns schlafen gehen."
Tante Clothilda führte Elfi in eine Kammer unter dem Dach, direkt neben ihrem eigenen Zimmer. „Wenn du schlecht träumst, Elfi, dann komm zu mir. Gute Nacht."
Elfi schaute sich um, verliebte sich augenblicklich in das kleine Dachzimmer mit seinen Schrägen und knarrenden Balken, dem uralten Bett und dem großen Spiegel an der Wand. Sie packte ihre Kleider in den Schrank, versteckte ihr Buch hinter dem Spiegel und legte sich ins Bett. Dann, nach einer gedankenvollen halben Stunde, stand sie wieder auf, zog das Buch wieder hervor, zündete eine Kerze an und las. Das Kapitel über Raubtiere überschlug sie eilig und vertiefte sich stattdessen in das Leben der Fledermäuse. Darüber schlief sie irgendwann ein und träumte davon, wie der Tiger wieder hinter dem Baum hervorsprang und den Vater umwarf. Sie war wieder starr vor Angst, sah ihre Mutter wieder zum Haus rennen, und wie der Tiger ihr folgte. Dann vernahm sie erneut die letzten Worte ihres Vaters und weinte. Davon wachte sie auf, schob ihr Buch in den Spalt zwischen Bett und Wand, schlief erneut ein und träumte nun von Fledermäusen.

Am nächsten Morgen weckte Tante Clothilda Elfi sanft auf, indem sie langsam die Gardine zurückzog. Draußen herrschte strahlender Sonnenschein. Elfi hatte lange geschlafen und sich zum ersten Mal seit dem Tod ihrer Eltern einigermaßen sicher gefühlt. Sie

stiegen die hölzernen Stufen hinunter, gingen in die Küche und setzten sich an den Frühstückstisch. Elfi schüttete eine große Portion Waldbeeren in ihre Schüssel und goss Milch darüber. „Tante Clothilda, wo warst du die ganze Zeit. Wieso wusste ich nichts von dir?"
„Weil ich hier war."
„Aber warum?"
„Ich hatte gehofft, euch niemals wieder zu sehen."
Elfi schaute sie irritiert an. „Aber du bist doch meine Großtante. Und ich hab mir doch immer eine Tante gewünscht."
„Ich wusste, dass du kommen würdest, Elfi. Aber ich hatte gehofft, dass es nie passieren würde."
„Willst du denn nicht, dass ich hier bin?"
„Doch Elfi, aber ... Komm, ich möchte dir etwas zeigen."
Elfi legte den Löffel beiseite und folgte der Tante die knarrende Treppe und dann eine noch engere Stiege hinauf bis zum Dachboden. Dort schob Tante Clothilda eine wurmstichige Truhe zur Seite, dahinter befand sich eine unscheinbare Tür.
„Was ist da?"
„Leise, sonst wachen sie auf." Tante Clothilda zündete eine Kerze an und leuchtete in die Abseite: An den alten, hölzernen Balken hingen Dutzende kleiner Tiere.
„Fledermäuse! Ich hab noch nie welche in echt gesehen."
„Nanu! Sonst waren es doch immer nur neun." Tante Clothilda war sichtlich überrascht.
„Ich hab heute Nacht von Fledermäusen geträumt,

Tante Clothilda."
Die Tante erstarrte, dann schlug sie die Abseitentür zu. „Komm, Elfi!"
Wortlos gingen sie wieder zum Frühstückstisch.
„Ab sofort schläfst du in meinem Zimmer!"
„Aber ... warum?"

Tante Clothilda warf eine Handvoll grüner Blätter in eine Kanne und goss kochendes Wasser darüber. „Minze. Frisch schmeckt sie am besten. Und für den Winter trockne ich die Blätter, das ergibt einen wunderbaren Tee. Und ...", Tante Clothilda schaute Elfi an, „hast du Lust, Pfefferminzbonbons zu machen?"
„Au ja!"
Tante Clothilda gab einige Minzblätter in ein hölzernes Gefäß, und Elfi durfte diese mit einem Stößel zerdrücken. Dann gingen sie in den Garten, wo in der hintersten Ecke ein Bienenstock stand.
„Bleib ein wenig zurück." Tante Clothilda öffnete den Stock, zog eine Wabe heraus und streifte die Bienen ab.
„Stechen sie dich denn gar nicht?"
„Sie kennen mich, Elfi, und ich nehme immer nur wenig." Tante Clothilda schloss den Bienenstock wieder, und sie kehrten zurück in die Küche. Dort holte die Tante einen rötlichbraunen, harten, unförmige Brocken aus einer Dose und gab ihn in einen kleinen Henkeltopf. „Karamell. Wenn der Zucker geschmolzen ist, geben wir den Honig hinzu und dann die Minze."
Elfi beobachtete den Zucker beim Schmelzen, ließ den Honig hinzutropfen und durfte schließlich die

zerdrückten Minzblätter unterrühren.
„Jetzt muss das Ganze abkühlen."
„Tante Clothilda, warum soll ich bei dir schlafen?"
„Weil es so besser ist", antwortete die Tante und trug den Topf zum Abkühlen in den Keller.

Danach gingen sie erneut in den Wald und sammelten schweigend erst Brombeeren, dann wieder Pilze. Mit prall gefüllten Körben kehrten sie am Nachmittag zurück, und Elfi verzog sich in ihr Zimmer, holte das Tierbuch aus dem Versteck und las: ‚Fledermäuse. Es gibt eine Vielzahl von Arten auf der ganzen Welt. Einige ernähren sich von Insekten, andere von Früchten, in Südamerika gibt es sogar eine Art, die von Säugetierblut lebt ...'.
Elfi schloss die Augen und versuchte sich vorzustellen, wie eine riesige Fledermaus einer Kuh in den Hals biss und deren Blut trank. Dann aber wurde sie darüber belehrt, dass der südamerikanische Vampir im Prinzip für Kühe nicht mehr darstellte, als für den Menschen eine Mücke, und dass er seine Opfer weder aussaugte, noch zu Tode brachte. Elfi dachte kurz an die Fledermäuse auf dem Dachboden, dann wandte sie sich dem Kapitel ‚Schlangen' zu.

„Elfi, Abendessen!", vernahm sie irgendwann Tante Clothildas Stimme. Elfi schreckte auf: „Ich komm gleich."
Sie steckte ihr Buch wieder hinter den Spiegel und stieg die Treppe hinunter.
„Ich bin eingeschlafen, Tante Clothilda."
„Na, das war ja auch ein anstrengender Tag, so lange

im Wald. Hier, ich hab etwas für dich, probier mal!"
Tante Clothilda gab Elfi ein Stück lauwarmer, brauner Masse, und Elfi legte es sich auf die Zunge.
„Mmm, lecker."
„Es muss noch etwas abkühlen, dann können wir Bonbons daraus schlagen."

Zum Abendessen gab es Pilze, genauer gesagt, eine Art Paste aus gebratenen, mit den verschiedensten Gewürzen verfeinerten Pilzstückchen auf hellem Brot.
„Ich bin froh, dass du da bist, Tante Clothilda", meinte Elfi.

Nach dem Abwasch gingen sie nach oben und zogen Elfis Bett in Tante Clothildas Zimmer. Dort schlief Elfi sofort ein und träumte von Brombeeren, Pilzen, Pfefferminzbonbons und einer Schlange.

„Elfi, wach auf!"
Elfi schrak hoch, es war mitten in der Nacht.
„Wo ist das Buch?"
„Ich, ich weiß nicht."
„Du musst es noch haben."
„Ich ..."
„Wo?"
„Hinter dem Spiegel."
„Hol es sofort her!"
Elfi lief in ihr Zimmer und holte das Buch.
„Was hast du zuletzt gelesen?"
„Über Fledermäuse."
„Bist du dir sicher? Was ist mit Schlangen?"

„Äh, ja, vor dem Abendessen, ich bin darüber eingeschlafen."
„Welches Bild hast du dir zuletzt angesehen?"
„Ich, ich weiß es nicht mehr?"
Tante Clothilda schob den Ärmel ihres Nachthemds zurück. „Sie hat mich gebissen."
„Eine Schlange, hier?!"
„Keine Angst, sie ist nicht mehr da. Aber wir müssen herausfinden, welche es war. Überleg! Wo war das Buch aufgeschlagen, als du eingeschlafen bist?"
„Hier, am Anfang des Kapitels."
Auf einer Abbildung ringelten sich dort Dutzende von Reptilien umeinander, darunter stand: ‚Schlangen aus aller Welt'.
„Elfi, ein Tuch und eine Schale!"
Elfi holte beides herbei, und Tante Clothilda band sich den Arm ab, begann, die Bissstelle auszusaugen und spuckte zwischendurch immer wieder in das Gefäß.
„Du darfst es niemals runterschlucken und keine Verletzung im Mund haben", erklärte die Tante.
„Aber wir wissen doch gar nicht, welche es war. Eine von denen hier ... oder eine ganz andere."
„Es war eine von denen. Überleg! Hast du von einer geträumt?"
„Ich, ich erinner mich nicht. Oder, doch, eine braune, die war dunkelbraun."
„Erkennst du sie wieder auf dem Bild?"
„Vielleicht die?"
„‚Mäßig giftig, der Biss in der Regel nicht tödlich, aber es kann zu Lähmungserscheinungen kommen'", las Tante Clothilda vor.

„Wir müssen einen Arzt holen."
„Nein", sagte Tante Clothilda, „Keinen Arzt!"
„Aber ... wenn dir etwas passiert, dann hab ich doch niemanden mehr."
„Ich sterbe nicht. Nicht jetzt. Aber wir sind in Gefahr."
„Das ... Buch?"
„Ja, Elfi. Ich weiß nicht genau, wie und warum, aber offenbar können die Tiere daraus für kurze Zeit lebendig werden, und dann, dann kommen sie zu uns."
„Dann, dann ...", Elfi brach in Tränen aus, „dann sind meine Eltern deshalb gestorben, weil ich von einem Tiger geträumt habe? Wir müssen es sofort verbrennen!"
„Nein, Elfi, nein. So einfach sind die Dinge nicht."
„Was dann?"
„Ich weiß es nicht. Seit vielen Jahren versuche ich, dahinter zu kommen. Aber ich habe die Lösung noch nicht gefunden. Ich glaubte mich nah daran. Bis der Tiger durch meinen Garten schlich. Da wusste ich, es ist etwas Schlimmes passiert."

Tante Clothilda schwieg lange, dann ergriff sie erneut das Wort: „Elfi, das ist jetzt alles etwas viel für dich, aber ich muss es dir sagen, falls mich der Schlangenbiss doch lähmt. Ich glaube, es ist ein uralter Fluch. Ich weiß nicht, wieso er auf dem Tierbuch lastet, aber ich habe keine andere Erklärung. Deine Großmutter wurde von einem Elefanten zerquetscht. Aber das hat ihr niemand geglaubt. Außer mir. Sie hat noch ein paar Tage gelebt und mir von ihrem Traum erzählt: Sie ritt auf einem weißen Elefanten, dem aus dem

Buch. Und jetzt du, es scheint nur Frauen zu treffen. Dein Vater jedenfalls hat nie von Tieren geträumt. Aber als deine Schwestern geboren wurden ..."
„Was?!"
„Ja, Elfi, du hast zwei Schwestern, Irma und Minna. Die beiden sind Zwillinge, und als sie geboren wurden, da hat dein Vater sie sofort zur Adoption freigegeben. Deine Mutter dachte, sie seien gleich nach der Geburt gestorben. Nur ich wusste davon."
„Und jetzt, wo sind Irma und Minna jetzt?"
„Ich weiß es nicht. Und das war auch besser so. So konnte der Fluch sie nicht treffen. Wir hatten alle gehofft, dass das nächste Kind ein Junge würde. Aber dann kamst du. Und deine Mutter hat dich keine Sekunde aus den Augen gelassen. Den Rest kennst du ja."
Elfi weinte nun hemmungslos. Dann verkündete sie: „Ich will sterben!"
„Das nützt nichts, Elfi, das nützt nichts. Du musst herausfinden, wie man den Fluch besiegt. WIR müssen es herausfinden."
Plötzlich sprang Elfi auf und schmiss das Buch gegen die Wand. „Du blödes Ding! Ich will niemals, niemals Kinder haben!" Dann hob sie es wieder auf, umwickelte es mit Band und Schnüren und verknotete diese an allen Seiten. „Ich will das nie, nie wieder lesen, nie wieder!"
„Du musst, Elfi. Irgendwann. Anders können wir es nicht besiegen. Ich habe viele Schriften studiert, immer in der Hoffnung, etwas zu finden, aber es gibt nur Andeutungen, nichts Konkretes."
„Schriften? Du meinst ... Bücher?"

„Ja, in dem großen, alten Schrank auf dem Dachboden. Komm mit, wir schlafen jetzt sowieso nicht mehr."

Bei Kerzenschein stiegen sie hinauf, und Tante Clothilda öffnete den Schrank. "‚Die Zukunft in den Karten', ‚Dein Schicksal in der Glaskugel', ‚Kaffeesatz für Anfänger', ‚Sternendeutung für Fortgeschrittene'", las Elfi laut vor.
„Ja, und noch viele mehr. Schau, ich hab mir sogar eine Glaskugel gekauft, keine Ahnung, wie die funktioniert. Und hier, die sechs Gläser, die sollen alt machen, wenn man daraus trinkt. Und - au, mein Arm! - und der Spiegel, der in deinem Zimmer, der soll auch irgendetwas können. Allerdings wusste der Verkäufer nicht, was. Zu dem Buch habe ich nur herausgefunden, dass man eines der Tiere dauerhaft zum Leben erwecken muss, dann können die anderen nicht mehr heraus."
„Und, und die Fledermäuse?"
Sie gingen zu der Abseite und leuchteten hinein. Die meisten der Tiere waren noch ausgeflogen, aber der Morgen dämmerte bereits, und eine nach der anderen kam durch einen Spalt wieder herein, hängte sich an den Balken.
„Neun, Tante Clothilda, jetzt sind es wieder genau neun!"
Tante Clothilda strich Elfi über den Kopf. „Ja, so hab ich es erwartet."
„Die, die anderen waren aus dem Buch?"
„Ja, Elfi."
„Dann, dann will ich den hier haben!" Elfi deutete im

Buch auf einen großen Papagei.

Sie gingen dann wieder ins Schlafzimmer, und irgendwann schlief Elfi ein, träumte tatsächlich von dem Vogel; bis am Morgen Tante Clothilda von unten rief: „Elfi, Frühstück!"
Elfi kam es so vor, als sei die letzte Nacht nur ein böser Albtraum gewesen, aber als sie die Küche betrat, hockte dort in einem Käfig ein großer Papagei, und Tante Clothilda fütterte ihn gerade mit Sonnenblumenkernen.
„Ist es, ist es der aus dem Buch?" Elfi deutete auf den Wälzer, der auf dem Küchentisch lag, daneben - zerschnitten - die Bänder und Schnüre.
Tante Clothilda nickte und öffnete es sehr, sehr langsam.
„Tante Clothilda, was ist mit dir?"
„Ach, mein Arm, es ist höher gewandert. Aber schau, da!"
Elfi blickte auf eine Seite mit Vögeln: In deren Mitte befand sich ein weißer Fleck in Form eines Papageien.
„Wie geht das?"
„Ich habe ihn ausgeschnitten, so, wie es in einer der Schriften beschrieben stand, die Abbildung dann in Wasser und Mehl zerstoßen und den Brei auf die Sonnenblumenkerne gestrichen. Er frisst sich jetzt sozusagen selbst."
„Und das hilft?"
„Offenbar. Die Seite in dem Buch war kurz danach wieder ganz, nur ohne Papagei. Wenn er hier bleibt, können dir die anderen Tiere nichts anhaben."

„Und dir auch nicht, Tante Clothilda."
„Elfi. Die Schlange. Sie war nicht harmlos. Aber du, du wirst leben. Vielleicht findest du ja sogar Minna und Irma. Elfi, es, es ist vorbei."
Dann schloss Tante Clothilda die Augen. Und Elfi war allein.

Nach dem Sturm

Wenn man irgendwo im Urlaub ist und etwas ganz besonderes sehen oder erleben möchte, dann gibt es dafür einen einfachen Tipp: Fragen Sie die Einheimischen.

Als ich neulich im Urlaub war, sagte man mir, ich möge doch am nächsten Tag einmal ganz früh aufstehen und an den Strand gehen. Denn in der Nacht würde eine Sturmfront durchziehen und danach sei die Luft besonders rein und klar, schiene die Morgensonne besonders schön, und man könne all jene Dinge finden, die das Meer über Nacht angespült habe. Also stand ich am nächsten Morgen zu einer Zeit auf, zu der andere Urlauber erst ins Bett gingen, und wanderte am Strand in die aufgehende Sonne.

Ein alter Mann war außer mir der einzige Mensch weit und breit, und er trug einen Beutel bei sich mit Bernstein.
„Hier gibt es Bernstein?", fragte ich ihn erstaunt.
„Nach dem Sturm wird alles anders", antwortete er gedankenversunken.
„Na, dann viel Erfolg."
„Es war Sturm heute Nacht."

Ich winkte ihm zum Gruß, schlenderte weiter, genoss die frische klare Morgenluft, den Blick auf die spiegelglatte See, die sich nur an den hölzernen Buhnen ein wenig kräuselte, und auf die Farbenpracht der langsam aufsteigenden Sonne.

Dann kam das Mädchen. Es lief auf eine der Buhnen zu und sprang hinauf, balancierte von Pfahl zu Pfahl mit großer Leichtigkeit, blieb stehen und schaute den Möwen zu, ging weiter, kurz schien es, als würde sie das Gleichgewicht verlieren, aber sie fing sich wieder, überwand mit großem Schritt eine Lücke in der Buhne, winkelte ein Bein an, so wie die Möwen, setzte es wieder auf und lief weiter, einer kleinen Seiltänzerin gleich.

Ich fragte mich, was sie wohl am Ende der Pfahlreihe machen würde, sie würde dort ja umkehren müssen, der schwierigste Teil ihrer Übung, wobei ich ihr auch das zutraute. Und wirklich gefährlich erschien es nicht, denn das Wasser hatte sich weit zurückgezogen, war flach und still, wahrscheinlich konnte sie, wenn sie tatsächlich hineinfiel, am Ende der Buhne sogar noch stehen.

Mit unbeschwerter Anmut erreichte sie den letzten Pfahl, stellte sich auf die Zehenspitzen und breitete die Arme aus, so, als wolle sie gleich abheben, dann ein ansatzloser Dreh um 180 Grad, und sie tanzte zurück, winkte dabei in Richtung Ufer, aber nicht mir oder dem alten Mann, sondern zu jener Stelle, von der aus sie zuvor an den Strand gelaufen war. Ich sah dort aber niemanden, blickte wieder zu dem Mädchen, da entdeckte ich sie, die Welle, die aus dem Nichts auf das Ufer zukam, keine wirklich große Welle, vielleicht einen halben Meter hoch, aber auf der ansonsten spiegelglatten See doch recht auffällig, und das Mädchen winkte.

„Pass auf!", rief ich, aber sie schien mich weder zu hören noch zu sehen, winkte weiter in die besagte Richtung, lachte und tanzte dem Strand entgegen.
„Lauf!", brüllte ich, „Schnell!"
Das Mädchen aber blieb wieder stehen, winkelte erneut ein Bein an, und die Welle erreichte das Ende der Buhne, spritzte kurz auf, dann fraß ihre Gischt Pfahl um Pfahl.
„Halt dich fest!"
Doch stattdessen schloss sie die Augen, lachte, die Welle schoss auf sie zu, eine einzige Welle nur, und das Mädchen war weg.

Wie gelähmt starrte ich auf die Pfähle, die wie ein hölzernes Gerippe aus dem Wasser ragten, dann erreichte die Situation meinen Verstand, und ich wollte losrennen.

„Nein! Stopp!" Eine knöcherne Hand packte mich am Arm, die Hand des alten Bernsteinsammlers, und mit der anderen deutete er auf die Düne, aus der ein Mann auf die Buhne zu rannte, auf den ersten Pfahl sprang, abrutschte, sich wieder aufrappelte, dann hektisch von Pfahl zu Pfahl balancierte, an der Stelle, an der das Mädchen zuletzt gestanden hatte, ins Wasser sprang, untertauchte, nur kurz wieder hoch kam, erneut tauchte, immer und immer wieder, immer länger, zwischendurch hastig Luft holte, dann tauchte er nicht mehr auf.

„Wir, wir müssen helfen!"

Die Hand aber hatte mich losgelassen, ich drehte mich um, der Alte war nicht mehr da. Ich wollte erneut losrennen, da packte mich etwas am Fuß. Ich blickte zu Boden: Aus dem Sand ragte eine knochige Hand und mir war, als hörte ich ein Flüstern: „Sie war doch erst neun."

Ich machte mich frei und rannte zu der Buhne. Die See war glatt und friedlich, nichts deutete auf das Drama hin, dessen Zeuge ich soeben geworden war, die ganze Szenerie erschien mir unwirklich. Ich kehrte zu der Stelle zurück, an der ich eben noch gestanden hatte: Da war keine Hand. Doch ein Stückchen weiter lag auf dem Boden der Beutel des Alten, darin ein großer, dunkelgelber und ein kleiner, rötlicher Bernstein. -

„Wunderschön sind die", sagten später die Einheimischen, denen ich sie zeigte, „und das hier, hier bei uns! Hier gibt es doch normalerweise kaum Bernstein." Oder ob ich etwa ganz früh morgens am Strand gewesen sei und dort dem Bernsteinsammler begegnet? Dann lachten sie.

„Bernsteinsammler?", fragte ich.

„Ja, eine alte Legende: Vor vielen Jahren hat das Meer ihm sein Kind genommen, auf der Buhne vor seinen Augen, und er konnte es nicht retten, ertrank dabei selbst, und das bei völlig stiller See. Nun kehrt

er nach jedem Sturm zurück, als alter Mann, und sucht seine Tochter."
„Bernsteinsammler? Nein", sagte ich, „außer mir war da niemand."

Am nächsten Morgen jedoch machte ich mich erneut ganz früh auf zum Strand, mitsamt dem Beutel, und ging zu der Buhne. Die See war spiegelglatt, weit und breit kein Mensch zu sehen, leichter Nebel hing über dem Wasser, und ich legte den großen und den kleinen Bernstein nebeneinander auf den vordersten Pfahl und zündete sie an, beobachtete, wie sie nach kurzem Sprühen unter der Flamme zusammenschmolzen und meinte, währenddessen ein Kinderlachen zu hören, draußen auf der Buhne, und eine Stimme hinter mir: „Jetzt ist der Sturm vorbei."
Aber da war niemand.

Kein Banküberfall

„Bitte geben Sie mir kein Geld, aber schnell, ich bin unbewaffnet!"
Der Bankangestellte reagiert geistesgegenwärtig: „Hier haben Sie alles, was wir nicht haben, dies hier ist kein Alarmknopf, und die Sirenen, die Sie gleich hören werden, sind nicht die Polizei."
„Äh, Verzeihung, dürfen wir uns hinlegen?", fragen zwei Kundinnen aufgeregt.
„So ein Quatsch, was soll das denn?"
„Nun lassen Sie doch den Damen ihr Vergnügen, schließlich erlebt man so was ja nicht jeden Tag. - Also los, hinlegen, zack, zack!", brüllt der Bankangestellte.
Die Damen kreischen auf, werfen sich zu Boden und kichern.
„Hee, was ist daran so lustig?"
„A-a-a …, der Boden ist so kalt."

„Was ist denn hier los?" Der Bankdirektor kommt hinzu.

„Ich habe die Bank nicht überfallen, Ihr Mitarbeiter hat mir wunschgemäß kein Geld ausgehändigt, aber die Damen wollten sich trotzdem zu Boden werfen."

„Ach, das kennen wir schon. Die denken, wenn sie sich hinlegen, sind sie sicher. - Los, wieder aufstehen, Sie sind jetzt Geiseln."
„Nein, nein!", kreischen die Damen vor Vergnügen.
„Entschuldigung", meint ein Musiker, „darf ich Ihnen meinen Geigenkasten anbieten?"
Ein Mädchen drängt sich dazwischen: „Ich hab mir grad Nylonstrümpfe gekauft, wenn Sie wollen, schneide ich Ihnen Löcher hinein."
„Ruhe im Karton!", brüllt der Bankdirektor, „Und keiner bewegt sich! - So, Sie wollten also kein Geld, sind unbewaffnet, und die Frauen sollten sich nicht hinlegen?"
„Äh, ja."
„Amateur! - Und Sie", der Direktor zerrt seinen Mitarbeiter hinter dem Schalter hervor, „Sie nehmen jetzt mal den Geigenkasten und die Strümpfe, kommen zur Tür herein und zeigen allen, wo der Hammer nicht hängt."
„Mit Verlaub, Herr Direktor, aber für so etwas werde ich NICHT bezahlt."
„Sie Weichei! Muss man denn hier alles selber machen? Geben Sie mal her!"

Der Musiker gibt dem Direktor den Geigenkasten, das Mädchen holt seine Nylons hervor - violett ... mit bunten Schmetterlingen - und schneidet Löcher hinein.
„Tja, da müssen Sie jetzt wohl durch, Herr Direktor", grinst der Bankangestellte.
Der Direktor schluckt, zieht sich laaaaannngsam die Schmetterlingsmaske über den Kopf, die Frauen ki-

chern, und alle Kunden applaudieren.
„So, und Sie halten jetzt mal die Tür auf!"
Der Schmetterlingsdirektor samt Geigenkasten läuft los, und PENG, ein Schuss.

„Wir sind nicht die Polizei, das eben war kein Schuss, und Sie, Sie leben noch", lacht der Polizist.
Der Direktor sackt in sich zusammen und röchelt: „Kümmert, kümmert euch nicht um meine Frau und die Kinder. Ich, ich sterbe nicht."
„Schnell, schnell, keinen Krankenwagen! Und jemand soll keinen Arzt rufen!"
„Verzeihung", ein Mann tritt hervor, „aber ich BIN kein Arzt."
„Und ich", mischt sich der Musiker ein, „ich bin auch kein Geiger, in meinem Geigenkasten ist keine Bombe, und in zwei Minuten fliegt der ganze Laden hier NICHT in die Luft!"

Die Damen kreischen auf und kichern vor Vergnügen.
Der Polizist lacht, „Na, dann werde ich hier ja nicht mehr gebraucht", und murmelt im Gehen: „Violett. Mit bunten Schmetterlingen ..."

Der Bankangestellte ergreift wieder das Wort: „Ist noch jemand da, der kein Geld möchte? Wir schließen nämlich in Kürze ..."
„... nicht!", ergänzen einige Kunden konsequent und werfen mit Konfetti.
Die anderen applaudieren, nur der Musiker nicht. Er öffnet stattdessen seinen Geigenkasten, holt die Zeit-

bombe hervor - 10, 9, 8 - und durchtrennt das rote Kabel ... nicht, dann das blaue ... auch nicht, dann - 4, 3, 2 - befördert er das Teil mit einem gewaltigen Tritt NICHT vor die Tür.

BUMM! ... kommt jetzt natürlich nicht, denn die Bombe ist nicht explodiert.

Der Bankdirektor röchelt mit letzter Kraft: „So, so, so geht das doch alles NICHT. Lassen Sie uns ... noch mal ... von vorn anfangen."

Die Damen kreischen auf vor Vergnügen, alle applaudieren, und ich, ich rufe: „Leute, das ist kein Banküberfall! Bitte geben Sie mir kein Geld, aber schnell, ich bin unbewaffnet!"

Sanftmut

Psst. Hattest du schon mal eine Katze?
Ja, hatte ich schon mal.
Und möchtest du gern wieder eine haben?
Nee, im Moment eher nicht.
Dann nimm das hier! Der Typ drückt mir eine Leine in die Hand und verschwindet.
Ich folge der Leine mit den Augen, und am anderen Ende hängt ... ein Nilpferd.

Nilpferde sollen ja die gefährlichsten Tiere Afrikas sein, habe ich gelesen, durch sie kämen mehr Menschen zu Tode als durch Krokodile. Darum nenne ich meines vorsichtshalber Sanftmut.
Sanftmut fixiert gerade einen Dackel.
Der Dackel fixiert zurück.
Sanftmut ... verschluckt den Dackel.
Der Besitzer des Dackels fixiert Sanftmut lieber nicht.
Zu spät.

Sanftmut, sage ich, warum habe ich dich eigentlich Sanftmut genannt?
Weil ich kein Krokodil bin?
Hee, wieso können Nilpferde reden?

Hee, wieso können Zweibeiner nicht mal das Maul halten?
Ist ja gut, Sanftmut, ist ja gut. Sag mal, wer war eigentlich der Typ, der dich mir gegeben hat?
Keine Ahnung, ist mir zugelaufen. Sanftmut lutscht ein wenig an dem Dackel herum, dann spuckt er ihn wieder aus.
Hee, sagt der Dackel, wo ist mein Herrchen?
Sanftmut spuckt auch das Herrchen wieder aus.
Also, so was! Können Sie es nicht besser erziehen?
Es gehört mir ja erst seit fünf Minuten.
Dann schaffen Sie sich doch etwas an, mit dem Sie auch klarkommen.
Ich komme mit ihm klar: Sanftmut, bei Fuß!
Sanftmut stellt sich neben mir auf.
Sitz!
Sanftmut setzt sich, der Dackel springt erschrocken zu Seite.
Mach Männchen!
Sanftmut ... zeigt mir einen Vogel.
Fass, fass den Dackel! ... denke ich nur und sage: Sanftmut, Apport! Dann reiße ich eine Linde aus und schleudere sie in Richtung der Bahnlinie, der Dackel rennt hinterher.

Sanftmut dagegen klaubt einen Apfelrest aus einem Mülleimer und - *hnf-hnf-hnf* - beschnüffelt ihn.
Der Dackel findet die ausgerissene Linde nicht und apportiert stattdessen eine S-Bahn.
Sanftmut frisst nun den Apfelrest samt Mülleimer.
Der Dackel will, dass sein Herrchen die S-Bahn wieder weg wirft, damit er sie erneut apportieren kann.

Einige Bahnreisende befürchten erhebliche Verspätungen.

Sanftmut verdreht die Augen und spuckt den Mülleimer wieder aus.
Das Herrchen lädt uns daraufhin in ein vegetarisches Restaurant ein.
Der Dackel ist dagegen.

Vier der Bahnreisenden kommen zu uns und wollen eine Bescheinigung, dass sie unverschuldet zu spät zur Arbeit kommen, weil eine Dackel und ein Nilpferd die Bahn apportiert hätten.
Wir verweigern das, denn Sanftmut hat ja gar nicht apportiert.
Das Herrchen lädt daraufhin auch die Bahnreisenden mit ins vegetarische Restaurant ein. Die Reisenden und der Dackel jedoch überstimmen uns, darum müssen wir jetzt alle zu McDonalds.

Das Herrchen faselt etwas von „Methoden wie in der Politik".
Einer der Reisenden ist Politiker und protestiert.
Sanftmut lutscht ein wenig an dem Politiker herum.
Daraufhin bereitet dieser eine Petition zur Rettung bedrohter Tierarten, insbesondere in Afrika, insbesondere am Nil und insbesondere von Nilpferden vor.
Sanftmut ... fühlt sich bedroht.
Mit vereinten Kräften überzeugen wir ihn, dass der Politiker nur rumschleimt.
Der Politiker bereitet daraufhin eine Petition für Schnecken vor.

Sanftmut beruhigt sich wieder.
Die Bahnreisenden haben unterdessen die Bahn wieder in die Spur gebracht und schieben sie nun an.
Der Dackel interpretiert das als Flucht und rennt, seinem Instinkt folgend, hinterher.

Eine Schnecke hat die Petition missverstanden und fühlt sich nun als Dackel. Sie überholt den wirklichen Dackel und apportiert die S-Bahn.
Die Reisenden steigen allesamt aus und gehen mit zu McDonalds.
Die Schnecke bestellt dort einen dreifachen Burger, aber ohne Tomaten, Zwiebeln und Salat, sie hält sich noch immer für einen Dackel.
Die Bahnreisenden bestellen das kleine Menü für 123 Personen. Ein 124ster Reisender protestiert, weil er nicht mitgezählt wurde.

Sanftmut bestellt 750 Portionen gemischten Salat, aber bitte auf einem Teller.
Da ruft jemand, dass die Bahn gleich weiterführe, und alle rennen los.
Der Rufende war der Typ, der mir Sanftmut gegeben hatte, und will nun sein Nilpferd wieder haben.
Der Dackel - *rrrrr* - fletscht die Zähne.
Sanftmut meint, „Geschenkt ist geschenkt" und kuschelt sich an mich. Ich werde rot.
Die Bahnreisenden kommen verärgert zurück, weil das mit der Weiterfahrt gar nicht gestimmt hatte, und fesseln den Typen an eine Linde.
Der Baum findet das überhaupt nicht witzig.

Die Schnecke probiert einige Lindenblätter, fühlt sich plötzlich wieder als Schnecke und bestellt ihren Burger ohne Tomaten, Zwiebeln und Salat wieder ab.
Dann nehm ich ihn, sagt der Dackel, aber ohne Salat.
Perfekt, meint ein Schnellimbissmitarbeiter, dann haben wir ja jetzt wieder genug Salat für die 750 gemischten.
Sanftmut kuschelt sich immer noch an mich.
Ich denke, dass ich doch richtig liege, indem ich ihn Sanftmut genannt habe, und kuschele zurück.

Die S-Bahn fährt ohne die Reisenden nun doch ab.
Einige von ihnen wollen daraufhin eine Bescheinigung, der Dackel unterschreibt.
Der Schnellimbissmitarbeiter fragt, ob er die 750 Salate auch auf zwei Tellern servieren könne.
Sanftmut verschluckt den Schnellimbissmitarbeiter und lutscht ein wenig an ihm herum.

Die Linde verfasst unterdessen eine Petition gegen Schnecken, die sich über Lindenblätter hermachen.
Der Dackel unterschreibt.

Der Typ will immer noch sein Nilpferd wieder haben; ich frage ihn, ob er schon mal eine Katze hatte.
Der Typ bejaht.
Ich frage ihn, ob er nicht wieder eine haben wolle.
Er meint, im Moment eher nicht.
Daraufhin drücke ich ihm eine Leine in die Hand und verschwinde.

Ein Stück weiter verstecken Sanftmut und ich uns

hinter einem Baum und beobachten, wie der Typ die Leine nun aufrollt, und am anderen Ende hängt ... eine S-Bahn.

Der Dackel unterschreibt daraufhin eine Bescheinigung, dass die Reisenden unverschuldet zu spät zur Arbeit kommen, weil jemand die Leine festhält.

Sein Herrchen meint, der Typ solle die S-Bahn mal besser erziehen.

Die Leine verfasst eine Petition, dass Dackel generell nichts unterschreiben sollten.

Ich verschlucke die Petition und gehe mit Sanftmut ins Schwimmbad.

Licht

Licht!
Ich sehe Licht am Ende eines Tunnels,
seh die Hand vor Augen nicht,
doch hab ich alle Zeiten dich vor Augen,
Tag und Nacht und Nacht und
Sternenschnuppen, Glühwurm, Mann im Mond.
Ich sehe Licht,
das Licht am Horizont,
ich seh die Sonne aufgehn
und muss aufstehen,
will das aber nicht,
ich sehe Licht,
will nicht im Stau stehen,
so, mit Warn-blink-licht,
will, wenn ich blau bin, niemals Blaulicht sehen.

Ich sehe Licht,
seh aus dem Fenster,
seh des Nachts manchmal - huhuuu - Gespenster,
sehe bunte Leuchtreklamen,
Neonlicht
und hell den Abendstern.
Ich sehe fern,
das ist auch Licht, ich gucke in die Röhre,

schau ins Rampenlicht und seh euch nicht,
hab immer wieder Lampenfieber,
schau zum Himmel, seh ein schwarzes Loch,
jedoch: Es gibt kein' Schatten ohne Licht.
Ich möchte schlafen,
und ich kann es nicht,
seh in Gedanken dich und dich und dich
und dann
die digitalen Zahlen meiner Radiouhr
und denke wieder nur an dich.
Ich seh mein Handy-Display,
doch es klingelt nicht.

Ich seh die Augen meiner Mutter,
wie ihr Lebenslicht erlosch,
doch, wenn ich in die Sonne schau,
dann leuchtet's noch.
Ich sehe Licht.
Ich sehe Lichterketten,
seh es vor mir:
dich und mich
Hand in Hand
am Strand
und Licht um uns,
von winzig kleinen Algen,
die nur eine Nacht lang leuchten,
nur in ihrer Hochzeitsnacht.
Ich sehe Farben, sehe Clowns,
seh Nemo in der Tiefe vor dem Anglerfisch, dem fiesen,
muss die Augen schließen,
dann ein Schrei: „Es werde Licht!"

Doch klappt das nicht,
muss wohl noch etwas üben,
mag es nicht, wenn dieser Fisch im Trüben fischt,
bin plötzlich müde, möchte schlafen,
mach die Nachttisch-Lampe aus,
da zieht - imaginär - sich eine Nachttisch-Schlampe aus,
nein, das …, das will ich nicht,
ich will nur dich und dich
und denke schnell an irgendwas, ein … Knusperhaus,
darin ein Licht.
Ich sehe Wunderkerzen,
Weihnacht und den heilgen Schein,
nur meine Zukunft seh ich nicht.

Ich sehe Licht,
ich seh das Licht, das jederzeit im Kühlschrank scheint, so scheint's,
ich sehe Lampignons in Kinderhänden,
spür das Feuer deiner Lenden,
huah,
ich bin bereit,
nur du und ich bei Licht und Dunkelheit,
wir essen „magic mushrooms",
sehen Farben überall und Licht,
Illuminati …
sind wir leider nicht, doch
woll'n wir säen: Wind und Sturm und Liebe,
Triebe, wie elektrisiert,
wie eine Supernova, die gleich explodiert mit Lichtgeschwindigkeit.
WIR sind das Licht,

das Licht,
wir waren Licht.
Dann ruhn wir aus und schauen,
wie an Fensterscheiben sich die Nacht in Regentropfen bricht,
wie eine ferne Galaxie verglüht
und Funken sprüht,
wir werden blind,
vor Liebe,
blind vor Licht.

Ich sehe Licht und Licht und Licht und Licht
und sehe dich.

Im Hamsterrad

Wenn dein Hamster plötzlich Hape Kerkeling zitiert,
auf einem Zettel, neben der geöffneten Käfigtür,
„Ich bin dann mal weg", dann wird es Zeit,
dein Leben zu überdenken.

Du gehst im Kreis,
im Hamsterrad,
und drehst und drehst und drehst,
während dein Hamster grad
auf Ibiza abhängt
und Cocktails an süße Miezen verschenkt.

Nee, das kann's doch nicht sein.

Da wünschst du dir glatt,
dein Hamster zu sein,
in dessen Rad
du scheinbar grad
dich drehst und drehst und drehst.
Man muss ja auch irgendwie so über die Runden
kommen,
doch im Grunde genommen
drehst du viel zu schnell
und zu viel

und denkst auch noch, du drehst am großen Rad,
am Rad der Zeit,
während dein Hamster grad
auf Rhodos weilt
und Cocktails an süße Miezen verteilt.

Nee, das kann's nicht sein!

Man spannt dich immer wieder ein,
drum: Spann mal aus
und steig mal ein
ins Rie-sen-rad, Rie-sen-rad.

Ja,
lass dich tragen,
kannst dort oben einmal still und friedlich alles überragen,
über allen Dingen stehen,
kannst die Welt mit andern, großen, mal mit Riesen-Augen sehen: alles klein, ganz klein,
bist fern, so fern,
sofern nicht morgen das Klein-klein
im Alltag weitergeht
und du erneut zum Spielball wirst
im Hamsterrad, das dreht und dreht und dreht
und dreht, als wäre nichts geschehen,
als hättest niemals du die Welt
von oben - ohne Blick auf Zeit und Geld -
aus einem Riesenrad gesehen.
Ja, Riesenrad,
denk immer dran,
denn Hamsterräder sind ein „schmaler Grat".

Willst du ein Ball-Spiel? Gut,
so „kick and rush" and „kick and rush" and „kick and rush"
und vor-zurück und vor-zurück und vor, und:
kick-und-Tor,
doch
wirst du selbst zum Spielball,
nein, das kann's nicht sein.
Nimm dir ein Beispiel:
Wirf ne Münze ein
in einen Flipperautomaten
und spiel!
Spiel um dein Leben:
Zieh!
Und - piuh - lass die Kugel los:
Tack, tack, tack, tack, tack, pling,
tack, pling:
hundert Punkte für den nächsten Abschluss, Abschuss, Abschluss,
ein gutes Geschäft, ein gutes Geschäft.

Tschuck, tschuck, tschuck, tschuck, tschuck,
pling!
Die Karriereleiter getroffen:
Und Aufstieg, Aufstieg, Aufstieg,
1000 Punkte.

Tack-tack-tack, tschuck, tschuck, tschuck, tschuck,
nüüüüüü.
Scheiße! Nein, nein, nein, nicht, nicht nach da unten!

Plopp, plopp, plopp, plopp, plopp, plopp, plopp
piuh!

Ein Glück,
die Niederlage grad noch abgewandt.
Und:
Pling, pling, pling-pling-pling, pling, pling-pling-pling, pling,
die Kugel springt im hin und her und hin und her und hin und her,
ein Teufels-hin-und-her:
Minus 1000, minus 1000, minus 1000, minus 1000, minus 1000, minus 1000, minus 1000.
Pschschu!
Stillstand.

Du
warst die Kugel!
Biep, biep, biep,
pling:
Ein letztes Feld blinkt auf
und blinkt und blinkt und blinkt,
darauf dein Hamster.
Hä? Wie kommt'n der hier her?
Egal, denn
pling, pling:
plus eine Million, plus eine Million.
Und du, du warst noch nie so froh, das kleine Tier zu sehen,
denkst, wie es sonst auf Korsika liegt am Strand,
und Cocktails von all seinen Miezen kriegt
am laufenden Band

und buchst nen Flug nach
irgendwo,
egal,
hörst auf, so Tag für Tag für Tag im Kreis zu gehen
und lässt den Hamster
frei.

Im Glassarg

Leute, da müsst ihr durch.
Alle!
Und wenn es soweit ist, dann wäre mein letzter Wunsch:
Begrabt mich im Glassarg.

Wie, der verrottet nicht?
Na und, dann eben Glassarg mit Holzboden,
genauer gesagt: Parkett,
mehrfarbig,
Stäbchenparkett.

O. K., der Sarg wird ziemlich schwer,
aber da müssen die durch, die Träger.
Braucht's halt n paar mehr, na und!
Ich hätte gern:
einen Chinesen, einen Indianer, einen Afrikaner,
einen Feuerländer, einen Araber und
meinen Bruder.
Damit der endlich mal Sprachen lernt.

Ja, ein multilinguales Begräbnis.
Mit vielen, vielen Gästen.
In der ersten Reihe hätte ich gern: Politiker.

Damit die mal sehen, wie das ist: Transparenz.

Und in der zweiten Reihe: Politiker.
Damit die mal sehen wie das ist,
wenn man nicht immer in der ersten Reihe steht.

Und außerdem Musik,
laute Musik,
sehr laut:
Modern Talking, die Wildegger Herzbuben und Tokyo Hotel, gleichzeitig!
Damit die Nachbarn mal sehen, wie das ist,
diese Säcke!

Apropos, ich hätte gern - wenn's soweit ist - das Fernsehen dabei:
RTL, „Deutschland sucht das Supergrab"
und ASTRO TV:
Ja, die sollen MIR mal vorhersagen.

Wartet, ich sag euch vorher, was die vorhersagen:
Liebe,
Glück,
neue Arbeit.
Ätsch, reingelegt! Tod war nämlich nicht dabei.
Und Arbeit müsste dann wohl Heimarbeit sein,
im Glassarg.
Vielleicht für ein Call-Center,
so nach dem Motto:
Werben fürs Sterben!
Zum Beispiel:
„Bestatto-Card, der Leiche Liebling".

Oder: „Sargglas repariert, Sargglas tauscht aus."
Oder: Mord, die tun was!

Als Leichenschmaus hätte ich gern:
Graupensuppe vorab,
dann diesen bitteren Endiviensalat mir rohen Fischeiern,
als Hauptgang frittierte Känguru-Hoden
und … keinen Nachtisch.
Ich ess ja dann nicht mehr mit, im Glassarg!

Aber wer weiß,
vielleicht sieht man sich wieder.
Kennt ihr den Film „No te mueras sin decirme adónde vas"?
Ich sag nur: „Espirito!"
Kommt mir spanisch vor.
Egal.
Denn wenn es soweit ist:
„Welche drei Dinge würdest du mitnehmen, wenn …?"

„Äh, ja, ein, ein, ein gutes Buch,
und was zu essen und zu trinken,
und …, ich weiß nicht."

So ein Quatsch!
Ich nehm eine Buchhandlung, einen Supermarkt und
mein Haus, mein Auto, mein Pferd
mit in den Glassarg.

Und das war erst mein erster Wunsch!

Die anderen heb ich mir auf.
Wer weiß, was noch alles passiert!
Tod ist schließlich eine lange Zeit.

Darum denkt daran:
Wer im Glassarg sitzt, sollte nicht mit Gebeinen werfen.

Die Diagnose im Detail

Du verlierst,
verlierst dich in Details:
Du denkst bei „Zucker" gleich an
Sesam, Salz, Getreide, Reis,
an Sahne, Soße, weiße Mäuse, Schnee.

Ich seh,
du hast da ein Syndrom, Symptom.

Du
bist verliebt,
du liebst die Liebe zum Detail,
bist weltvergessen
und von Helden besessen,
die es gar nicht gibt.

Voll verrückt, ey
bist du
nach Kleinigkeiten,
wie, da: die Mücke an der Wand.
Du wanderst Stück um Stück um Stück
in dein Gedankenland:
Ein Kätzchen, Hund, ein Tiger, Leopard,
ein Vogel Strauß mit Schneckenhaus.

Du
bist echt krank.
Ununterbrochen. Immerzu.

Du wanderst durch den Garten deines Kopfes
von Parzelle zu Parzelle,
winkst - im Vorübergehen - auf die Schnelle
einer grell-hellen Gazelle,
während nur ein Stückchen weiter
auf ner lückigen Leiter
ein entrückter, tighter Sittich schreitet,
leuchtend sein Gefieder.

Du
verlierst dich
immer, immer wieder in Details,
in dein Syndrom, Symptom.

Du parzellierst mal eben ne Parzelle mit Gazelle
in hundert, tausend, ja, Millionen kleinster Stückchen
Erde,
auf jedem endlos viele
Antilopen, Büffel, wilde ...
Oktopusse,
die Herde um Herde um Herde
durch die Ozeane deines Kopfes treiben.

Die Psychologen, Pädagogen
reiben sich da schon die Helfer-Hirne:
„Therapien,
Ritalin,

umerziehn,
er hat nur Seifenblasen in der Birne!"

Oder Feuerwerk? Millionen bunter Lichte,
Aliens, Atlantis, Eldorado in einem Augenblick!

Ein Glück: In deinen Universen finden die dich nie!

Sie schreiben detailliert Berichte:
"Verliert sich schnell in Kleinigkeiten,
denkt, er kann auf Reimen reiten,
ist weltvergessen
und von Helden besessen.
Aus unsrer Sicht …"
Und leicht verhalten, aber ziemlich schnell
kommt dann das zarte, harte schlimmste aller Prädikate:
„verhaltens-originell".
Hee, was ist an endlos weiten, weiten Welten
so unverhältnismäßig unverhältnismäßig?

Du kommst von Hundertsten in Tausendste
und ins Millionste,
siehst das Weltall nur als klitzekleines Molekül
in einem Spiel aus viel, viel mehr,
ein Sandkorn
am Rande des Gedankenmeeres,
das mehr ist, als nur Meer:
ein Ozean, ein Wasserfall,
Monsun, Taifun und klare Quelle.

Du verlierst dich auf die Schnelle in Kleinigkeiten,

kommst, beim Rechnen,
vom Hunderstel ins Tausendstel und immer weiter,
teilst und teilst und teilst und
multiplizierst:
Zucker mit Sahne und Mäuse mit Schnee.
Ojemine!

Du teilst,
ganz anders als die anderen,
die anderen nicht einfach ein,
du lässt sie einfach anders sein.

Ein Flimmern, Flirren, Glitzern, Leuchten
von hunderttausenden von Welten
nur in deinem Kopf.

Und: Ja, sie suchen dich!
Pädagogen, Psychologen, doch:
In deinen Universen finden die dich nie!

Die Diagnose:
Fantasie!

Zeit

Zeit ist die Zeit vor dem Aufstehen.
Zeit ist Geld.
Zeit ist der Zahn der nagt, jedoch:
dem Glücklichen schlägt keine Stunde.
Zeit ist die Zigarette danach.

Zeit verrinnt.
Zeit ist die Zeit des Erwachens.
Gemeinsam erwachen nach dem fantastischen Abend,
geteilte Zeit ist doppelte Zeit,
oder so ähnlich.

Zeit ist das Warten auf den Aufschwung.
Bleibt nur die Frage, wann der kommt.

Zeit heißt Zeit haben.
Mit Dir vergeht die Zeit wie im Fluge.
Zeit heißt, sie sich zu nehmen.
Zeit heißt, SIE zu nehmen
oder: von ihr genommen zu werden.
Zeit heißt: zeitlos glücklich sein.
Zumindest zeitweise.

Zeit ist eines Menschen Zeit,

also: der Zeitraum bevor wir das Zeitliche segnen.
Zeit ist relativ.
Es ist schön, viiiel Zeit zu haben …,
besonders morgens, denn: Morgenstund hat Gold im Mund.
Andererseits: man soll ja den Tag nicht vor dem Abend loben.

Zeit ist manchmal Eiszeit.
Oder Bronzezeit.
Oder Steinzeit: Smaragde, Rubine, Saphire.
Zum Beispiel zur Hochzeit,
und am Abend beginnt dann die
Hochzeitsnacht.
Die Zeit läuft.

Zur Winterzeit manchmal auch die Nase.

Zeit ist Zeit für Gedichte.
Zeit ist Schlafenszeit.

Manch einer hat nie Zeit.
Oder die Zeichen der Zeit noch nicht erkannt.
Was sagt eigentlich der Zeitgeist?
Die Zeitgenossen?
Solche, die sich ein Tor lieber 10 x in Zeitlupe als einmal in Echtzeit ansehen?

Zeit hat man
oder man hat sie nicht.
Wenn man eine Eintagsfliege ist,
braucht man kein Schaltjahr.

Und hat dauernd Geburtstag - ach Du liebe Zeit!

Zeit ist Zeit für die Liebe.
Hättest Du morgen Zeit?

Zeit ist oft Wartezeit.
Einsame Zeit.
Aber lieber hundert Jahre auf dem Bahnsteig warten als „hundert Jahre Einsamkeit".

Man kann ja dabei Zeitung lesen.
Zum Beispiel die: ZEIT.
Hauptsache immer zur richtigen Zeit am richtigen Ort sein.

Und als Mann natürlich auch: allzeit bereit sein,
wilde Zeiten,
Woodstock,
Gruppensex.
Zeit zum ... Vaterschaftstest?

Auszeit,
Elternzeit,
Babygeschrei.
Kindheit,
Schulzeit,
und so weiter,

nie mehr Zeit haben,
total verplant sein.
„Dieses Leben nach Plan ist mies."
Was reimt sich darauf?

Paris.

Dort alle Zeit der Welt haben.
Seine Zeit mit Parisern verbringen.
Oder Pariserinnen.
Und nachts ganz viel
fernsehen?
Und morgens mal wieder so richtig gut
frühstücken?

Es sei denn, es ist grad' Fastenzeit.

Sich dann tierisch auf den Wecker gehen.
Endzeitstimmung.
Der jüngste Tag,
vielleicht aber auch nur: der Anfang einer neuen Legislaturperiode.
Kommt Zeit, kommt Rat,
jedenfalls wird es dafür Zeit,
Zeit für den politischen Urknall,
nicht für die Geisterstunde.

Doch
manche Uhren ticken eben anders,
darum mach es wie die Sonnenuhr:
zähl die heitren Stunden nur.
Und: Komm zum Slam!

Sehn wir uns wieder?
Gleicher Ort, gleiche Zeit?